T0131543

essentials liefern aktuelles Wissen in konzentrierter Form. Die Essenz dessen, worauf es als „State-of-the-Art" in der gegenwärtigen Fachdiskussion oder in der Praxis ankommt. *essentials* informieren schnell, unkompliziert und verständlich

- als Einführung in ein aktuelles Thema aus Ihrem Fachgebiet
- als Einstieg in ein für Sie noch unbekanntes Themenfeld
- als Einblick, um zum Thema mitreden zu können

Die Bücher in elektronischer und gedruckter Form bringen das Expertenwissen von Springer-Fachautoren kompakt zur Darstellung. Sie sind besonders für die Nutzung als eBook auf Tablet-PCs, eBook-Readern und Smartphones geeignet. *essentials:* Wissensbausteine aus den Wirtschafts, Sozial- und Geisteswissenschaften, aus Technik und Naturwissenschaften sowie aus Medizin, Psychologie und Gesundheitsberufen. Von renommierten Autoren aller Springer-Verlagsmarken.

Weitere Bände in der Reihe http://www.springer.com/series/13088

Katja Häferer · Matthias Köhler

Praxisleitfaden Entgelttransparenzgesetz

Ein Überblick über die zentralen Regelungen und deren Anwendung in der Praxis

Katja Häferer
München, Deutschland

Matthias Köhler
LL.M. (Sydney)
Berlin, Deutschland

Ergänzendes Material zu diesem Buch finden Sie auf http://extras.springer.com

ISSN 2197-6708 ISSN 2197-6716 (electronic)
essentials
ISBN 978-3-658-25401-8 ISBN 978-3-658-25402-5 (eBook)
https://doi.org/10.1007/978-3-658-25402-5

Die Deutsche Nationalbibliothek verzeichnet diese Publikation in der Deutschen Nationalbiblio-
grafie; detaillierte bibliografische Daten sind im Internet über http://dnb.d-nb.de abrufbar.

Springer Gabler

Springer Gabler ist ein Imprint der eingetragenen Gesellschaft Springer Fachmedien Wiesbaden
GmbH und ist ein Teil von Springer Nature
Die Anschrift der Gesellschaft ist: Abraham-Lincoln-Str. 46, 65189 Wiesbaden, Germany

Was Sie in diesem *essential* finden können

- Das Entgelttransparenzgesetz sowie die sich daraus ergebenden Pflichten für Arbeitgeber, Personalabteilungen und Unternehmensanwälte
- Der individuelle Auskunftsanspruch über das Vergleichsentgelt
- Das betriebliche Prüfverfahren
- Berichtspflichten über Gleichstellung und Entgeltgleichheit
- Anforderungen an Entgeltsysteme

Inhaltsverzeichnis

Einleitung 1

*Mehr Transparenz würde auch mehr Wahrheit
ermöglichen (Roman Herzog in seiner
Eröffnungsansprache zum Weltwirtschaftsforum Davos
am 28. Januar 1999 „Außenpolitik im 21. Jahrhundert").*

Dass Unternehmen weibliche Mitarbeiter bewusst schlechter vergüten als ihre männlichen Kollegen dürfte bereits heute die absolute Ausnahme sein.[1] Der Einführung eines Gesetzes zur Herstellung von „Entgeltgerechtigkeit" hätte es vor diesem Hintergrund wohl nicht bedurft. Das Entgelttransparenzgesetz soll jedoch auch unbewusste und damit meist unbemerkte Unterschiede bei der Vergütung männlicher und weiblicher Mitarbeiter[2] aufzeigen. Solche Unterschiede belegen zwar, so sie bestehen, noch keine Entgeltdiskriminierung. Sie sind jedoch Anknüpfungspunkt für die Untersuchung der Gründe für unterschiedliche Vergütung und damit auch für die Frage, ob die Vergütung tatsächlich „entgeltgerecht" ist oder ob Handlungsbedarf besteht, um dem Anspruch einer entgeltgerechten Vergütung gerecht zu werden.

---

[1]Siehe jedoch LAG Rheinland-Pfalz, Urteil vom 13.01.2016 – 4 Sa 616/14 = NZA-RR 2016, 347, wo weiblichen Beschäftigten in der Produktion eines Schuhherstellers bis Ende 2012 ein geringerer Stundenlohn gezahlt wurde als ihren männlichen Kollegen.

[2]Soweit im Folgenden die männliche Form verwendet wird, werden damit alle Geschlechter umfasst.

Für die Hilfe bei der Erstellung dieses Werkes wird den wissenschaftlichen Mitarbeitern von Baker McKenzie am Standort Berlin bzw. München, Herrn Adrian Schürgers und Herrn Benjamin Brettschneider sehr herzlich gedankt.

© Springer Fachmedien Wiesbaden GmbH, ein Teil von Springer Nature 2019
K. Häferer und M. Köhler, *Praxisleitfaden Entgelttransparenzgesetz,* essentials,
https://doi.org/10.1007/978-3-658-25402-5_1

Mit dem Entgelttransparenzgesetz (**EntgTranspG**) nimmt der Gesetzgeber Unternehmen in die Pflicht, ihre Entgeltsysteme zu prüfen, erforderlichenfalls anzupassen und über ihre Maßnahmen zur Förderung entgeltgerechter Entlohnung zu berichten. Darüber hinaus sollen Mitarbeiter die Möglichkeit haben, Auskunft über etwaige Unterschiede ihrer eigenen Vergütung zu der vergleichbarer Mitarbeiter des anderen Geschlechts zu verlangen.

Die **wichtigsten Regelungsbereiche** des EntgTranspG werden in diesem Buch erläutert. Die für Unternehmen zentralen Problemkreise werden aus der **praktischen Perspektive der arbeitsrechtlichen Beratung** beleuchtet und erklärt. Darüber hinaus gibt dieses Buch Handlungsempfehlungen für die Umsetzung der – mitunter nicht leicht zu verstehenden – Vorgaben des neuen Gesetzes.

Entwicklung des Entgeltgleichheitsgebots

2

2.1 Vorgaben des Grundgesetzes

Das Gebot des gleichen Entgelts für Männer und Frauen bei gleichwertiger Arbeit (sog. Equal-Pay) ist bereits im **Grundgesetz** angelegt. So sind Männer und Frauen nach Art. 3 GG gleichberechtigt und es darf niemand *„wegen seines Geschlechts, (…) benachteiligt oder bevorzugt werden.“* Daraus folgt auch, dass niemand bei gleicher oder gleichwertiger Arbeit in Bezug auf das Entgelt wegen seines Geschlechts unmittelbar oder mittelbar benachteiligt werden darf.

2.2 Europäische Vorgaben

Auch das europäische Recht enthält Vorgaben zur Entgeltgleichheit.[1] Hierzu zählen das Entgeltgleichheitsgebot in Art. 157 Abs. 1 AEUV sowie das Verbot der Entgeltdiskriminierung in Art. 4 der sog. „Gleichbehandlungsrichtlinie" (RL 2006/54/EG). Außerdem ist das Entgeltgleichheitsgebot in der Charta der Grundrechte der Europäischen Union in Art. 23 verankert.

---

[1] *Wank*, RdA 2018, 34, 34 m.w.N.

© Springer Fachmedien Wiesbaden GmbH, ein Teil von Springer Nature 2019
K. Häferer und M. Köhler, *Praxisleitfaden Entgelttransparenzgesetz*, essentials,
https://doi.org/10.1007/978-3-658-25402-5_2

2.3   Einfachgesetzliche Regelungen

2.3.1   Allgemeines Gleichbehandlungsgesetz

Das **Allgemeine Gleichbehandlungsgesetz (AGG)** ist seit 2006 in Kraft
und dient der Umsetzung verschiedener europäischer Richtlinien zur Gleichbehandlung. Das AGG geht über den Schutz vor Ungleichbehandlung aufgrund
des Geschlechts hinaus und knüpft an die Diskriminierungsgründe Rasse, ethni-
sche Herkunft, Geschlecht, Religion, Weltanschauung, Behinderung, Alter und
sexuelle Identität an. Eine ausdrückliche Regelung zum **Entgeltgleichheitsgebot enthält das AGG jedoch nicht.** Eine solche Regelung war zwar seit 1980
in § 612 Abs. 3 BGB aF noch enthalten gewesen, jedoch wurde diese mit Einführung des AGG ersatzlos gestrichen. Das AGG wurde daher in Bezug auf Entgeltdiskriminierung verbreitet als Verschlechterung wahrgenommen.[2] Auch ein
Anspruch auf Entgeltanpassung zur Beseitigung etwaiger Entgeltdiskriminierung
ist im AGG nicht geregelt. Die Rechtsprechung greift deshalb auf eine Gesamt-
schau verschiedener Regelungen[3] zurück, um diesen Anspruch zu begründen.[4]
Lediglich für zu Schadensersatz- und Entschädigungsansprüchen trifft das AGG
ausdrückliche Regelungen in § 15 AGG.

2.3.2   Entgelttransparenzgesetz

Auch zehn Jahre nach Inkrafttreten des AGG betrug die **statistische Entgeltlücke**
zwischen Frauen und Männern im Jahr 2016 noch rund 21 %.[5] Dies beschreibt
zwar die sog. „unbereinigte Entgeltlücke", da strukturelle Faktoren und erwerbs-
biografische Unterschiede zwischen Frauen und Männern noch nicht heraus-
gerechnet wurden. Die „bereinigte Entgeltlücke", also die Entgeltlücke, die
durch eben genannte Faktoren nicht erklärbar ist und somit (eher) auf eine Diskriminierung hindeutet, liegt weit niedriger.[6] Dennoch war dies Anlass genug für

---

[2]Däubler/Bertzbach/*Zimmer*, Einleitung EntgTranspG Rn. 7 m.w.N.

[3]V. a. auf §§ 2 Abs. 1 Nr. 2, 8, Abs. 2 AGG.

[4]BAG, Urteil vom 11.12.2007 – 3 AZR 249/06 = NZA 2008, 532, 536; LAG Rheinland-Pfalz, Urteil vom 13.01.2016 – 4 Sa 616/14 = NZA-RR 2016, 347, 349.

[5]Statistisches Bundesamt, Pressemitteilung vom 14.03.2017.

[6]Die „bereinigte Entgeltlücke" liegt je nach zugrunde liegender Studie bei 2–4 % oder bei
7 %, vgl. *Wank*, RdA 2018, 34, 35 m.w.N.

die Bundesregierung, gesetzgeberisch tätig zu werden. Seit dem 06.07.2017 gilt daher das Entgelttransparenzgesetz.

Das neue Gesetz zielt darauf ab, unmittelbare und mittelbare Entgeltdiskriminierung aufgrund des Geschlechts zu beseitigen.[7] Zu diesem Zweck soll u. a. mehr **Transparenz über die Entgeltstrukturen und Entgeltpraxis** in Betrieben geschaffen werden.[8] Einen Anspruch auf Entgeltanpassung zur Beseitigung etwaiger Entgeltbenachteiligung ist jedoch auch im EntgTranspG nicht zu finden. Der Gesetzgeber sah hierfür keinen Regelungsbedarf und verweist auf die Anspruchsgrundlagen des AGG,[9] die jedoch gerade keine ausdrückliche Regelung zur Entgeltanpassung treffen.[10]

---

[7]BT-Drucks. 18/11133, S. 18.
[8]BT-Drucks. 18/11133, S. 47.
[9]BT-Drucks. 18/11133, S. 47.
[10]S. Ziff. 2.3.1.

Das EntgTranspG im Überblick

3

3.1 Die wichtigsten Regelungen

Kernstück des EntgTranspG ist ein individueller **Auskunftsanspruch** für die Beschäftigten über das Vergleichsentgelt einer Referenzgruppe des anderen Geschlechts (§§ 10 ff. EntgTranspG).[1] Dieser Anspruch wird flankiert durch Regelungen über die (freiwillige) **Überprüfung von Entgeltstrukturen** auf Benachteiligungspotenzial (§§ 17 ff. EntgTranspG)[2] sowie eine **Berichtspflicht** für Unternehmen bestimmter Größe über ihre Maßnahmen zur Gleichstellung und Entgeltgleichheit (§§ 21 ff. EntgTranspG)[3]. Neben diesem Dreiklang an Pflichten stellt das EntgTranspG Anforderungen an die Ausgestaltung eines **Entgeltsystems** auf (§ 4 Abs. 4 EntgTranspG).[4]

3.2 Zentrale Begriffe des EntgTranspG

Das EntgTranspG definiert bestimmte Begriffe, die für alle Regelungen relevant und einheitlich zu verstehen sind:

---

[1] S. Ziff. 4.
[2] S. Ziff. 5.
[3] S. Ziff. 6.
[4] S. Ziff. 9.

© Springer Fachmedien Wiesbaden GmbH, ein Teil von Springer Nature 2019
K. Häferer und M. Köhler, *Praxisleitfaden Entgelttransparenzgesetz*, essentials,
https://doi.org/10.1007/978-3-658-25402-5_3

3.2.1 Entgelt

Der **Begriff des Entgelts** ist umfassend zu verstehen. Er erfasst alle Grund- und Mindestarbeitsentgelte sowie alle sonstigen Vergütungen, die unmittelbar oder mittelbar in bar oder als Sachleistungen **aufgrund eines Beschäftigungsverhältnisses** gewährt werden.[5] Unerheblich ist, aus welchem Grund der Arbeitgeber die Leistung gewährt, sofern er diese mittelbar im Zusammenhang mit dem Beschäftigungsverhältnis erbringt.[6] Mittelbare Leistungen liegen beispielsweise vor, wenn der Arbeitgeber Beiträge für eine Versicherung zugunsten der Beschäftigten aufbringt.[7] Nicht erfasst sind Leistungen, die kraft Gesetzes geschuldet sind.[8]

Entgeltbestandteile
Zum Entgelt zählen demnach:

- Gehalt, Weihnachtsgeld, Urlaubsgeld
- Dienstwagen, Mobiltelefon als geldwerte Vorteile
- Boni
- Betriebliche Altersvorsorge (BAV)
- Zuschläge für Feiertage, Mehrarbeit, Schichtzulagen, Erschwerniszulagen etc.
- Bezuschusste Betreuung von Kindern, Zahlungen für konkrete Anlässe (Hochzeit, Jubiläum etc.)
- Kantinenzuschuss, Reisepauschale
- Personalrabatte

Aktienoptionen *(Stock Options)*, Restricted Stock Units *(RSUs)* und andere **Instrumente zur Beteiligung von Arbeitnehmern am Unternehmenserfolg** sind als Entgelt zu berücksichtigen, wenn sie vom Arbeitgeber ausgegeben werden. Ob dies auch dann gilt, wenn sie von einem anderen Konzernunternehmen (meist der Konzernobergesellschaft) ausgegeben werden, ergibt sich aus dem Gesetz nicht. Jedenfalls dann, wenn diese Leistungen **ausschließlich durch die Konzernobergesellschaft** gewährt werden und **nicht Gegenstand der Vereinbarungen** mit dem Arbeitgeber sind, sind diese nach richtiger Ansicht kein Entgelt im Sinn des

---

[5]§ 5 Abs. 1 EntgTranspG.
[6]EK/*Schlachter,* § 5 EntgTranspG Rn. 5.
[7]EK/*Schlachter,* § 5 EntgTranspG Rn. 5.
[8]EK/*Schlachter,* § 5 EntgTranspG Rn. 4.

EntgTranspG. Denn in diesem Fall bestehen auch keine Mitbestimmungsrechte bei Zuteilung solcher Leistungen und kein Anspruch auf Auskunft des Betriebsrats im Hinblick auf den arbeitsrechtlichen Gleichbehandlungsgrundsatz.[9]

3.2.2 Gleiche und gleichwertige Tätigkeit

Vor allem für den Umfang des individuellen Auskunftsanspruchs der Beschäftigten ist die Frage der Vergleichbarkeit, also der Gleichheit oder Gleichwertigkeit von Tätigkeiten, von besonderer Bedeutung.

Unter **gleichen Tätigkeiten** versteht der Gesetzgeber, dass weibliche und männliche Beschäftigte an verschiedenen oder nacheinander an demselben Arbeitsplatz eine **identische oder gleichartige** Tätigkeit ausführen.[10] Bei standardisierten und wiederkehrenden Arbeiten innerhalb automatisierter Prozesse ist dies relativ einfach zu beurteilen, mit steigender Komplexität der Arbeitsleistung fällt ein Vergleich allerdings zunehmend schwer.[11] Entscheidend ist vor allem, dass sich die Mitarbeiter mit „gleichen" Tätigkeiten **bei Bedarf gegenseitig ersetzen** können.[12]

> **Gleiche Tätigkeit**
>
> Teilen sich bspw. zwei Sachbearbeiter einer Versicherung denselben Arbeitsplatz in der Weise, dass einer am Vormittag und einer am Nachmittag ein und dieselbe Aufgabe ausführt, ist von einer **„identischen"** Tätigkeit auszugehen. Allein daraus, dass sich Arbeitnehmer einen Arbeitsplatz im räumlichen Sinne oder gar einen Computer teilen, kann aber nicht auf eine gleiche Tätigkeit geschlossen werden.[13]
>
> Arbeiten hingegen zehn Sachbearbeiter in der Schadensregulierung und teilen sie sich die Schadensfälle nach alphabetischer Zuordnung, ohne dass sich die Aufgabenbereiche inhaltlich unterscheiden, handelt es sich um eine **„gleichartige"** Tätigkeit.[14]

---

[9]BAG, Beschluss vom 20.03.2018 – 1 ABR 15/17 = NZA 2018, 1017.

[10]§ 4 Abs. 1 EntgTranspG.

[11]*Langemann/Wilking*, BB 2017, 501, 502; *Müller*, BB 2017, 2101, 2101 f.; *Bauer/Günther/Romero*, NZA 2017, 809, 811.

[12]EK/*Schlachter*, § 4 EntgTranspG Rn. 2; BeckOK/*Roloff*, § 4 EntgTranspG Rn. 4; *Langemann/Wilking*, BB 2017, 501, 502; BT-Dr. 18/11133, S. 51.

[13]*Langemann/Wilking*, BB 2017, 501, 502.

[14]Vgl. *Oberthür*, NJW 2017, 2228, 2229.

Eine Tätigkeit ist **gleichwertig,** wenn die Beschäftigten unter Zugrundelegung einer **Gesamtheit von Faktoren** als in einer vergleichbaren Situation befindlich angesehen werden können.[15] Das Gesetz nennt die **Art der Arbeit, die Ausbildungsanforderungen und die Arbeitsbedingungen** als zu berücksichtigende Aspekte. Zu beachten ist, dass die tatsächlichen, für die jeweilige Tätigkeit wesentlichen Anforderungen maßgeblich sind und nicht die von der Leistung eines konkreten Beschäftigten abhängigen Faktoren. Ist allerdings der **Erfolg** in einem Bereich besonders wichtig (z. B. im Vertrieb), können Leistungsunterschiede dennoch zu einer fehlenden Vergleichbarkeit führen. Jedenfalls liegt dann in der Regel ein Rechtfertigungsgrund für eine ungleiche Bezahlung vor.[16]

Wie die Gewichtung der einzelnen Faktoren ausfallen soll, wird im Gesetz nicht festgelegt. Im Ergebnis ist die Entscheidung, welches mögliche Vergleichstätigkeiten sind, eine **einzelfallabhängige Abwägungssache.**

Gleichwertige Tätigkeit

Bspw. wurden die Aufgaben von in einem Unternehmen beschäftigten **Juristen** in den Bereichen „Gesellschaftsrecht, Projekte M & A, Kartellrecht", „Arbeitsrecht, Immobilienrecht, Zollrecht" sowie „IT, Data-Service, Wettbewerbsrecht, Marken" als gleichwertig eingestuft.[17]

3.2.3   Tarifgebundene, tarifanwendende und tariffreie Arbeitgeber

Das Gesetz unterscheidet zwischen **tarifgebundenen und tarifanwendenden** Arbeitgebern (im Folgenden „tarifliche Arbeitgeber") und solchen, die **weder tarifgebunden, noch tarifanwendend** sind (im Folgenden „tariffreie Arbeitgeber").[18]

Zu **tarifgebundenen** Arbeitgebern zählen solche, die selbst Tarifvertragspartei oder Mitglied des tarifschließenden Arbeitgeberverbands sind, von einer Allgemeinverbindlichkeitserklärung erfasst sind oder einen Tarifvertrag aufgrund einer bindenden Festsetzung (festgesetzt von Heimarbeiterausschüssen)

---

[15]§ 4 Abs. 2 EntgTranspG.
[16]S. Ziff. 7.
[17]Vgl. BAG, Urteil vom 21.10.2009 – 10 AZR 664/08 = NZA-RR 2010, 289.
[18]§ 5 Abs. 4 und 5 EntgTranspG.

anwenden. Dabei kommt es nicht darauf an, ob der Tarifvertrag für alle im Betrieb Beschäftigten gilt.

Als **tarifanwendend** werden Arbeitgeber bezeichnet, die die Regelungen eines Tarifvertrags, in dessen Geltungsbereich sie fallen, verbindlich und inhaltsgleich durch schriftliche Vereinbarung mit den Beschäftigten übernommen haben.[19] Die tarifliche Regelung muss mit allen in den persönlichen Anwendungsbereich des Tarifvertrags fallenden Beschäftigten vereinbart sein.[20] Nicht ausreichend ist die nur teilweise Übernahme eines Tarifvertrags sowie die Übernahme nur für ausgewählte Beschäftigte.[21] Einzelne, irrtümlich unterbliebene Vereinbarungen mit Beschäftigten, die eigentlich in den persönlichen Anwendungsbereich eines Tarifvertrags fallen, sind aber unschädlich.[22] Ausreichend ist außerdem, dass auf einen **Entgelttarifvertrag** Bezug genommen wird, es muss kein Rahmentarifvertrag erfasst sein.[23]

Der Gesetzgeber geht davon aus, dass tariflich ausgehandelte Entgeltregelungen eine höhere Gerechtigkeitsgewähr haben.[24] Für sie gilt eine **Angemessenheitsvermutung**.[25] **Tarifliche Arbeitgeber** werden aus diesem Grund im Hinblick auf einige Anforderungen des Gesetzes **privilegiert**.[26] Insbesondere im Rahmen der Auskunftsverpflichtung wird der Verwaltungsaufwand für tarifliche Arbeitgeber deutlich reduziert.[27]

▶ Sofern Arbeitgeber eine Privilegierung unter dem Entgelttransparenzgesetz erreichen möchten, sollten sie wegen des Formerfordernisses versuchen, Bezugnahmen, die aufgrund betrieblicher Übungen existieren, mit den betroffenen Arbeitnehmern **schriftlich zu fixieren**.[28]

---

[19]EK/*Schlachter*, § 5 EntgTranspG Rn. 11.

[20]EK/*Schlachter*, § 5 EntgTranspG Rn. 11.

[21]Leitfaden BMFSFJ, S. 32.

[22]Str.: wie hier *Weigert*, NZA 2018, 210, 212 sowie EK/*Schlachter*, § 5 EntgTranspG Rn. 11; dagegen *Müller*, BB 2017, 2101, 2103.

[23]Im Ergebnis auch Leitfaden BMFSFJ, S. 32.

[24]Vgl. BT-Drucks. 18/11133, S. 47, unter Hinweis auf die „empirische Evidenz" einer geringeren Lohnlücke bei tariflichen Arbeitgebern als bei Nichttariflichen.

[25]§ 4 Abs. 5 EntgTranspG.

[26]Weiterführend *Weigert*, NZA 2018, 210; *Langemann/Wilking*, BB 2017, 501, 503 ff.; *Bauer/Günther/Romero*, NZA 2017, 809, 810.

[27]Zum Bestimmungsverfahren s. Ziff. 4.3.3.1.

[28]So auch *Bauer/Günther/Romero*, NZA 2017, 809, 810.

Arbeitgeber müssen ihre Tarifanwendung **gegenüber dem Betriebsrat erklären,** um von der Privilegierung profitieren zu können. Die Erklärung kann als eigenhändig unterschriebener Brief, aber auch als E-Mail oder Fax erfolgen. Der Betriebsrat bestätigt die Tarifanwendung sodann gegenüber den Beschäftigten.

Individueller Auskunftsanspruch für Arbeitnehmer

4

Der individuelle Auskunftsanspruch ist das **zentrale Instrument**[1] des Entg-TranspG zur Überprüfung von Entgeltgerechtigkeit. Beschäftigte sollen dadurch in die Lage versetzt werden, die Entgeltstruktur auf eigene Initiative zu überprüfen.[2] Der Auskunftsanspruch soll den Beschäftigten deshalb **Zugang zu Informationen** gewähren, die potenzielle Zweifel über einen Verstoß des Arbeitgebers gegen das Entgeltgleichheitsgebot belegen oder aber widerlegen können.[3] Bei festgestellter Ungleichbehandlung soll die Durchsetzung einer Diskriminierungsklage erleichtert werden.[4] Eine Rechtsgrundlage auf Zugang zu solchen Informationen gab es bisher nicht, was die Darlegung von Diskriminierungsindizien im Prozess entsprechend erschwert hat.

4.1 Basics

In Betrieben mit in der Regel mehr als 200 Beschäftigten haben Arbeitgeber bzw. deren Betriebsräte auf entsprechenden Antrag unter bestimmten Voraussetzungen **Auskunft zu erteilen über:**

- Das Vergleichsentgelt, dies ist der Medianwert des individuellen monatlichen Durchschnittsgehalts vergleichbarer Beschäftigter des anderen Geschlechts[5],

---

[1]EK/*Schlachter,* § 5 EntgTranspG Rn. 5.
[2]BeckOK/*Roloff,* § 10 EntgTranspG Rn. 1.
[3]Zum Zweck siehe auch *Haag,* GewArch 2018/2, S. 62.
[4]EK/*Schlachter,* § 10 EntgTranspG Rn. 1; *Bauer/Romero,* NZA 2017, 409, 409 f.
[5]S. Ziff. 4.3.1.

© Springer Fachmedien Wiesbaden GmbH, ein Teil von Springer Nature 2019
K. Häferer und M. Köhler, *Praxisleitfaden Entgelttransparenzgesetz,* essentials,
https://doi.org/10.1007/978-3-658-25402-5_4

- bis zu zwei Entgeltkomponenten der Vergleichsgruppe[6] sowie
- Kriterien und Verfahren der Entgeltfindung[7].

Auch ist aufzuschlüsseln, ob die Vergleichstätigkeit **überwiegend von männ-lichen oder weiblichen Beschäftigten** ausgeübt wird.[8] Nach dem Gesetzeszweck ist davon auszugehen, dass diese Pflicht sowohl für tarifliche als auch für tarif-freie Arbeitgeber gilt.[9]

> Es ist nur anzugeben, **ob** die Tätigkeit überwiegend vom anderen Geschlecht ausgeübt wird. Die Angabe konkreter Prozentwerte ist dagegen freiwillig.

Für tarifliche Arbeitgeber gibt es keine **Frist** zur Beantwortung von Auskunfts-ersuchen.[10] Für tariffreie Arbeitgeber sieht das Gesetz eine Frist von drei Mona-ten vor.[11]

Ob Auskunftsersuchen **durch den Arbeitgeber oder den Betriebsrat** (soweit vorhanden) beantwortet werden, obliegt dem Letztentscheidungsrecht des Arbeit-gebers.[12]

Welche Pflichten den Arbeitgeber im Fall von Auskunftsersuchen genau tref-fen, welche Überlegungen er zur Vorbereitung anstellen sollte und wie Auskunfts-ersuchen zu bearbeiten sind, wird im Folgenden näher erläutert. Die einzelnen Schritte zur Erteilung der Auskunft sind unter Ziff. 4.7 dargestellt.

4.2   Pflicht zur Auskunftserteilung

4.2.1 Betriebsgröße

Die Pflicht zur Auskunftserteilung besteht nur in Betrieben mit in der Regel **mehr als 200 Beschäftigten** bei demselben Arbeitgeber. „**In der Regel**" meint wie im Kündigungsschutzgesetz (KSchG) die „normale" Betriebsgröße, bezieht sich also

---

[6]S. Ziff. 4.3.2.
[7]S. Ziff. 4.3.3.
[8]*Koller-van-Delden*, DStR 2018, 258.
[9]BeckOK/*Roloff*, § 10 EntgTranspG Rn. 21.
[10]Dennoch sollten sich diese an den Vorgaben für tariffreie Arbeitgeber orientieren, s. Ziff. 4.4.
[11]§ 15 Abs. 3 S. 1 EntgTranspG.
[12]Die Übernahme der Auskunftspflicht ist dringend anzuraten, s. Ziff. 4.2.2.

darauf, welche Personalstärke für den Betrieb „im Allgemeinen kennzeichnend" ist. Kurze Schwankungen der Beschäftigtenzahlen sind nicht zu berücksichtigen, es kommt auf die nachhaltige Betriebsgröße innerhalb einer gewissen Dauer an.[13] Der Schwellenwert muss **innerhalb eines Betriebs** überschritten werden. Der Betriebsbegriff des EntgTranspG ist nach den zum BetrVG sowie zum KSchG entwickelten Grundsätzen zu beurteilen.[14]

Arbeitnehmer eines **Gemeinschaftsbetriebes** mehrerer Unternehmen haben mangels Identität des Arbeitgebers nur dann einen Auskunftsanspruch, soweit der Vertragsarbeitgeber des jeweiligen Anspruchsstellers in diesem Gemeinschaftsbetrieb mehr als 200 Arbeitnehmer beschäftigt.[15] **Filialbetriebe** können dem Hauptbetrieb nur dann zugerechnet werden, wenn sie organisatorisch unselbstständig sind.[16] **Leiharbeitnehmer** sind zwar im selben Betrieb, aber bei einem anderen Arbeitgeber beschäftigt und damit im Einzelbetrieb nicht zu berücksichtigen.[17]

4.2.2 Auskunftsverpflichtete

Besteht ein **Betriebsrat,** so ist dieser verpflichtet, die Auskunft zu erteilen.[18] Er hat den Arbeitgeber dann nur über das Auskunftsverlangen unterrichten. Der Betriebsrat hat jedoch auch die Möglichkeit, für die Beantwortung der Anfrage an den Arbeitgeber zu verweisen. Der **Arbeitgeber** hat aber auch das **Recht,** die Auskunftsverlangen **auf eigene Initiative** hin generell oder für bestimmte Einzelfälle **selbst zu beantworten.** Die Übernahme eines konkreten Auskunftsverlangens ist allerdings nicht möglich, der Arbeitgeber muss die „bestimmten

---

[13]Vgl. dazu APS/*Moll,* § 23 KSchG Rn. 29.

[14]EK/*Schlachter,* § 12 EntgTranspG Rn. 1.

[15]EK/*Schlachter,* § 12 EntgTranspG Rn. 1; *Kania,* NZA 2017, 819, 819 f.; *Franzen,* NZA 2017, 814, 814.

[16]*Maiß/Vieg,* ArbRAktuell 2018, 387, 388.

[17]EK/*Schlachter,* § 12 EntgTranspG Rn. 1; *Müller,* BB 2017, 2101, 2101; *Bauer/Romero,* NZA 2017, 409, 410.

[18]*Holler,* NZA 2017, 822, 823; BeckOK/*Roloff,* § 15 EntgTranspG Rn. 3.

Einzelfälle" im Voraus abstrakt-generell definieren.[19] Die Gesetzesbegründung nennt beispielhaft die „außertariflichen Angestellten".[20]

Dies muss er dem Betriebsrat mitteilen und dabei die Gründe für diese Entscheidung („Übernahmeerklärung") **erläutern**. Konkrete Vorgaben an diese Begründungspflicht bestehen nicht. Es sollte erläutert werden, **warum** (z. B. Bündelung von Kompetenzen im HR-Bereich) und **für wie lange** die Auskunft vom Arbeitgeber erteilt werden soll. Die Übernahme kann jeweils längstens für die Dauer der Amtszeit des Betriebsrats erfolgen. Nur wenn dem Betriebsrat die Übernahmeerklärung mit der Erläuterung **bereits vor dem Auskunftsersuchen** des Arbeitnehmers zugegangen ist, kann der Arbeitgeber die Auskunft für diesen Mitarbeiter an sich ziehen. Dies gilt sowohl für die generelle Übernahme als auch für die Übernahme von vorab definierten „Einzelfällen".[21] **Für die Mitarbeiter** muss ersichtlich sein, an welche Stelle sie sich wenden müssen und wer die Auskunft erteilt. Eine Information hierüber in allgemein zugänglicher Weise (z. B. Intranet) reicht aus. Trifft der Arbeitgeber, z. B. nach Ablauf der Amtszeit des aktuellen Betriebsrats, eine neue Entscheidung zur Übernahme, sind die Mitarbeiter erneut zu informieren.

Hat der Arbeitgeber die Auskunftsverpflichtung übernommen, so muss er den Betriebsrat rechtzeitig und umfassend über **eingehende Auskunftsverlangen sowie die erteilte Antwort informieren**. Diese Mitteilung muss nicht anonymisiert erfolgen.[22] Der Betriebsrat hat die Möglichkeit, zu der Antwort des Arbeitgebers im Rahmen seiner betriebsverfassungsrechtlichen Zuständigkeiten Stellung zu beziehen.[23]

▷ **Arbeitgebern ist dringend zu empfehlen, von ihrer Übernahmemöglichkeit Gebrauch zu machen** und die Informationen selbst zu erteilen. Sie haben es so in der Hand, ob sie zu bestimmten Informationen weitere Erläuterungen machen möchten und behalten dadurch die Deutungshoheit.

---

[19]EK/*Schlachter*, § 14 EntgTranspG Rn. 6; BeckOK/*Roloff*, § 14 EntgTranspG Rn. 6; Vereinzelt wird auch ein Übernahmerecht bezüglich konkreter Einzelanfragen bejaht, selbst wenn diese bereits gestellt wurden (so bspw. *Günther/Heup/Mayr*, NZA 2018, 545, 548). Bis zu einer richterlichen Einlassung zu dieser Frage sollten Arbeitgeber aber den sichereren Weg wählen und eine vorherige abstrakt-generelle Bestimmung vornehmen.

[20]BT-Drs. 18/11133, S. 64.

[21]BeckOK/*Roloff*, § 14 EntgTranspG Rn. 6; a. A. *Günther/Heup/Mayr*, NZA 2018, 545, 548.

[22]BeckOK/*Roloff*, § 14 EntgTranspG Rn. 7.

[23]BT-Drs. 18/11133, S. 64; BeckOK/*Roloff*, § 14 EntgTranspG Rn. 7.

4.2.3 Ordnungsgemäße Antragstellung

Eine Pflicht zur Auskunftserteilung besteht nur, wenn der Antrag auf Auskunft ordnungsgemäß gestellt war.
Dies setzt zunächst voraus, dass er schriftlich oder in **Textform** gestellt wurde.[24]

Wahrung der Textform
Die Textform wird gewahrt durch:[25]

- Schriftstücke (Briefe etc.)
- E-Mails
- Faxe

SMS und WhatsApp-Nachrichten reichen ebenfalls.[26]

Der Antrag muss weiter **bezeichnen**, über was Auskunft erteilt werden soll (d. h. über das Vergleichsentgelt, bis zu zwei zu benennende Entgeltkomponenten und/oder die Kriterien und Verfahren der Entgeltfindung, bezogen auf das Vergleichsentgelt oder die benannten Entgeltkomponenten).

Es soll zwar auch „in zumutbarer Weise" angegeben werden, welche Tätigkeiten aus Sicht des Antragstellers vergleichbar und damit zur Bestimmung der **Vergleichsgruppe**[27] relevant sind, jedoch ist dies **keine zwingende Voraussetzung**.[28] Anträge sind also auch ohne die Angabe wirksam.[29]

Außerdem muss zwischen zwei Auskunftsersuchen eine **Frist von zwei Jahren** liegen, es sei denn, die Umstände haben sich wesentlich geändert (bspw. durch Versetzung auf einen anderen Arbeitsplatz, Einführung eines neuen Entgeltsystems etc.). Nach einer Übergangsvorschrift kann ein Auskunftsanspruch, der bis zum 6. Januar 2021 geltend gemacht wird, kann erstmals nach drei Jahren wiederholt werden (§ 25 Abs. 1 S. 2 EntgTranspG).

---

[24]EK/*Schlachter,* § 10 EntgTranspG Rn. 4.
[25]Vgl. BeckOK/*Roloff,* § 10 EntgTranspG Rn. 5.
[26]Vgl. Jauernig/*Mansel,* § 126b BGB Rn. 2.
[27]S. Ziff. 4.3.1.1.
[28]Näher zu Angaben der Vergleichsgruppe EK/*Schlachter,* § 10 EntgTranspG Rn. 3.
[29]Zur Problematik „willkürlicher" Anfragen vgl. Leitfaden BMFSFJ, S. 34.

4.3   Gegenstand der Auskunft

Zentrale Frage für Arbeitgeber ist, wie die Auskunftserteilung inhaltlich ausgestaltet werden muss. Im Folgenden werden daher die einzelnen Punkte, über
die Beschäftigte Auskunft verlangen können, näher beleuchtet.

4.3.1   Vergleichsentgelt

Beschäftigte können Informationen zum „Vergleichsentgelt" erfragen. Um dieses
zu bestimmen, muss zunächst die richtige Vergleichsgruppe ermittelt werden.

4.3.1.1 Vergleichsgruppe
Die Vergleichsgruppe soll zwar im Auskunftsantrag angegeben werden.[30] Arbeitgeber sind an diese Angaben jedoch **nicht gebunden.**[31] Das heißt, sie prüfen die
Vergleichsgruppe selbstständig. Sofern die Ansichten zur Vergleichbarkeit aber
voneinander **abweichen,** ist dies bei Beantwortung des Antrags **mitzuteilen und
zu begründen.**[32]
     Die Vergleichsgruppe besteht aus Beschäftigten des anderen Geschlechts, die
entweder die gleiche oder eine gleichwertige Tätigkeit ausüben.[33] Für **tarifliche
Arbeitgeber** hat der Gesetzgeber eine Erleichterung für die Bestimmung der Vergleichsgruppe vorgesehen. **Tariffreie** Arbeitgeber müssen die Vergleichsgruppe
hingegen durch wertenden Vergleich der verschiedenen Tätigkeiten bestimmen.

Bestimmung der Vergleichsgruppe durch tarifliche Arbeitgeber
Tarifliche Arbeitgeber können die Entgeltgruppe des anwendbaren Tarifvertrags
heranziehen. Die Vergleichsgruppe besteht deshalb aus allen Beschäftigten der **gleichen Entgeltgruppe wie die des Antragstellers.** Ob diese Tätigkeiten gleich oder
(nur) gleichwertig sind, ist nach dem Wortlaut des Gesetzes nicht weiter zu untersuchen. Ausreichend ist, dass sie in der gleichen Entgeltgruppe eingruppiert sind.[34]

---

[30]Dazu oben s. Ziff. 4.2.3.

[31]Vgl. BeckOK/*Roloff,* § 10 EntgTranspG Rn. 24 ff.

[32]BT-Drs. 18/11133, S. 66; EK/*Schlachter,* § 10 EntgTranspG Rn. 4.

[33]Zur Definition s. Ziff. 3.1.2.2.

[34]Zur Angemessenheitsvermutung tariflicher Einigungen BAG, Urteil vom 21.05.2014 – 4
AZR 50/13 = NZA 2015, 115; vgl. auch EK/*Schlachter,* § 4 EntgTranspG Rn. 9.

Auckunft

Auch tarifliche Arbeitgeber können jedoch nur dann tarifliche Entgeltgruppen heranziehen, wenn der Auskunftssuchende selbst tariflich beschäftigt ist. Für **Antragsteller aus dem außertariflichen Bereich** bestimmt sich die Vergleichsgruppe deshalb nach den gleichen Grundsätzen wie für tariffreie Arbeitgeber.[35]

Bestimmung der Vergleichsgruppe durch tariffreie Arbeitgeber
Für tariffreie Arbeitgeber bestimmt sich die Vergleichsgruppe danach, ob Beschäftigte die gleiche oder eine gleichwertige Tätigkeit[36] wie der Antragsteller ausüben.

Gleiche Tätigkeiten sind in der Praxis eher selten und können auch relativ einfach bestimmt werden.[37] Probleme bereitet oft die Bestimmung einer **gleichwertigen** Tätigkeit. Wesentlich ist deshalb ein geeignetes **System zur Bewertung von Arbeitsplätzen**. Unternehmen, bei denen ein betriebliches Entgeltsystem existiert, werden solche Systeme kennen. Damit sind Systeme bzw. Verfahren gemeint, mit denen die verschiedenen Positionen eines Unternehmens bewertet werden. Dabei werden nicht die Stelleninhaber oder deren Leistung berücksichtigt, sondern die Position an sich, meist auf Basis der Rollen- und Kompetenzanforderungen.

Arbeitgeber, die derartige Systeme bereits nutzen, können auch im Rahmen der Auskunftserteilung nach dem EntgTranspG auf deren Bewertungen **zurückgreifen**.[38] Daraus folgt keine Privilegierung wie für tarifliche Arbeitgeber, die Systeme haben aber dennoch eine **Indizwirkung**. Arbeitgeber, die kein betriebliches Entgeltsystem anwenden bzw. keine Bewertung der vorhandenen Stellen vorgenommen haben, können sich auf **allgemeine Grundsätze** der Stellenbewertung beziehen, um die Gleichwertigkeit von Tätigkeiten zu bestimmen.

Die meisten etablierten Systeme nutzen das sogenannte „**Genfer Schema**" (s. Abb. 4.1), welches einen gangbaren Weg zur Bestimmung gleichwertiger Tätigkeiten darstellt.[39]

Datenschutz
Aus Gründen des Datenschutzes muss die Vergleichsgruppe mindestens sechs Beschäftigte des jeweils anderen Geschlechts umfassen, da andernfalls ein Rückschluss auf die individuellen Personen und deren Entgelt nicht ausgeschlossen wäre.[40]

---

[35]So auch *Weigert*, NZA 2018, 210, 213 f.
[36]Zu diesen Begriffen oben, Ziff. 3.2.2.
[37]Vgl. Bsp. oben, Ziff. 3.2.2.
[38]Mehr zu den Anforderungen an solche Systeme unter Ziff. 9.
[39]So auch *Oberthür*, NJW 2017, 2228, 2229.
[40]*Franzen*, NZA 2017, 814, 814.

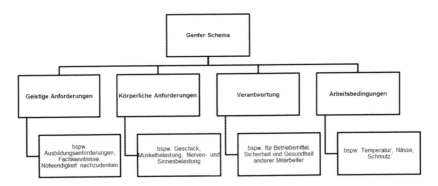

Abb. 4.1 Genfer Schema zur Bestimmung gleichwertiger Tätigkeiten

▶   Der Arbeitgeber darf bei Unterschreiten des Schwellenwertes dem
      Auskunftsersuchen **auch nicht freiwillig** nachkommen, da dies Buß-
      gelder oder strafrechtliche Konsequenzen nach dem BDSG nach sich
      ziehen kann.[41]

Dieses Verbot bezieht sich nur auf die Auskunft über das Vergleichsentgelt, Informationen über (abstrakte) **Kriterien und Verfahren zur Entgeltfindung** sind
trotzdem zu erteilen, d. h. auch dann, wenn die Vergleichsgruppe nicht mindestens sechs Beschäftigte umfasst.

4.3.1.2 Bestimmung des Vergleichsentgelts

Nachdem die Vergleichsgruppe ermittelt wurde (und mindestens sechs Personen
umfasst), ist das Vergleichsentgelt zu bestimmen.

Durchschnittsgehalt

In einem ersten Schritt ist hierfür das individuelle monatliche Durchschnittsgehalt
aller Mitglieder der Vergleichsgruppe zu ermitteln. Dabei sind **sämtliche Entgeltbestandteile** zu berücksichtigen, einschließlich Sachleistungen wie bspw. die
Privatnutzung eines Dienstwagens.[42]

---

[41]§§ 83, 84 BDSG.
[42]Definition des Entgeltbegriffs und Bsp. vgl. Ziff. 3.1.2.1.

Wie **Sachleistungen** umzurechnen sind, geht aus dem Gesetz nicht hervor. Regelmäßig wird man aber auf den steuerlichen geldwerten Vorteil abstellen können.[43] Maßgeblicher **Bezugszeitraum** ist das Kalenderjahr, sodass aus Gründen der Praktikabilität auf das vergangene Kalenderjahr abzustellen ist.[44]

Bezugszeitraum

Wird der Antrag auf Auskunft im Dezember 2018 gestellt, ist auf das Kalenderjahr 2017 abzustellen.

Für Arbeitnehmer in **Teilzeit** ist das ermittelte Durchschnittsgehalt auf das Vollzeitäquivalent hochzurechnen.[45]

Medianwert

Nach Bestimmung des monatlichen Durchschnittsgehalts ist der Medianwert dieser Werte festzulegen. Dieser **bildet dann das „Vergleichsentgelt"**, über das bei Beantwortung des Antrags Auskunft zu erteilen ist. Der Median ist nicht zu verwechseln mit dem Durchschnittswert. Letzterer bezeichnet den Quotienten aus der Summe aller betrachteten Zahlen und ihrer Anzahl. Der Median dagegen ist derjenige Wert, der bei einer nach ihrer Größe sortierten Auflistung von zu betrachtenden Zahlenwerten an der **mittleren Stelle** steht. Ist die **Anzahl der Werte gerade**, entspricht der Median der Hälfte der Summe aus den beiden mittleren Zahlen.[46]

Medianbestimmung

Es soll der Median aus sechs monatlichen Durchschnittsgehältern der Vergleichsgruppe gebildet werden. A verdient 2000 €, B 1700 €, C 1900 €, D 1500 €, E 2100 € und F 1300 €.

Zunächst sind die Durchschnittsgehälter der Größe nach zu sortieren. Daraus ergibt sich folgende Auflistung: 1300 €, 1500 €, 1700 €, 1900 €, 2000 €, 2100 €. Der Median ergibt sich hier aus der Hälfte der Summe der beiden mittleren Zahlen, also aus 1700 € und 1900 €. Der Median liegt demnach bei 1800 €.

---

[43]*Koller-van-Delden*, DStR 2018, 254, 258.

[44]EK/*Schlachter*, § 11 EntgTranspG Rn. 3.

[45]EK/*Schlachter*, § 11 EntgTranspG Rn. 3.

[46]*Becker/Hjort*, ArbRAktuell 2018, 298, 299; *Häferer/Köhler*, CB 2017, 284, 285.

Auch wenn dies nicht beantragt wurde, muss der Arbeitgeber Angaben dazu machen, ob der Vergleichsgruppe überwiegend männliche oder weibliche Beschäftigte angehören.[47]

4.3.2   Bis zu zwei Entgeltbestandteile

Soweit beantragt, hat die zu erteilende Auskunft auch bis zu zwei Entgelt-komponenten[48] der Vergleichsgruppe zu umfassen. Die maßgebende **Vergleichsgruppe ist die gleiche** wie zur Bestimmung des Vergleichsentgelts.

Für die **Mindestgröße** der Vergleichsgruppe gelten die gleichen Grundsätze wie oben, d. h. die Gruppe muss mindestens sechs Personen umfassen. Von der Größe der Vergleichsgruppe ist die Frage zu trennen, ob der angefragte Entgeltbestandteil allen Mitgliedern der Vergleichsgruppe gewährt wird. Wenn die angefragten Entgeltbestandteile nicht allen Mitgliedern der Vergleichsgruppe gewährt werden, sind diese bei der Ermittlung des Medians gleichwohl zu berücksichtigen. Der jeweilige Wert der Entgeltbestandteile ist dann mit 0 € anzusetzen.

Median der Entgeltbestandteile

Eine Arbeitnehmerin fragt die beiden Entgeltbestandteile „**Dienstwagen**" und „**Boni**" ab. Während mindestens sechs Personen aus der Vergleichsgruppe Anspruch auf einen Dienstwagen haben, beziehen **nur vier einen Bonus**. Beschäftigter A sowie Beschäftigter B haben im Durchschnitt 1000 € Bonus bekommen, die Beschäftigten C und D jeweils 1500 €. Dennoch kann ein Median gebildet werden, indem zweimal 0 € angesetzt wird.[49] Die Liste stellt sich dann wie folgt dar: 0 €, 0 €, 1000 €, 1000 €, 1500 €, 1500 €. Der Median liegt demnach bei 1000 €.

4.3.3   Kriterien und Verfahren des Entgelts

Soweit beantragt, ist auch Auskunft über die Kriterien und Verfahren zur Ermittlung des Entgelts zu erteilen. Der Antrag kann sich auf die für das **eigene**

---

[47]S. Ziff. 4.1.
[48]Bsp. vgl. Ziff. 3.1.2.1.
[49]Str.: gegen eine Auskunftspflicht unter Hinweis auf datenschutzrechtliche Bedenken bspw. *Bauer/Romero*, NZA 2017, 409, 412.

Entgelt maßgebenden Kriterien und Verfahren beziehen sowie auf diejenigen, die für das **Vergleichsentgelt** relevant sind. **Nicht** gemeint ist die individuelle **Leistungsbeurteilung** des Antragstellers bzw. der Mitglieder der Vergleichsgruppe.

4.3.3.1 Tarifliche Arbeitgeber

Für tarifliche Arbeitgeber reicht es aus, auf den jeweiligen **Tarifvertrag zu verweisen** und anzugeben, wo dieser **eingesehen** werden kann. Der Gesetzgeber nimmt an, dass die strukturelle Benachteiligung bei gesetzlichen oder tarifvertraglichen Entgeltregelungen geringer sind als bei solchen, die individuell oder frei verhandelt wurden.[50] Dies gilt **nur, soweit** sich die Auskunft auf **tariflich geregelte Entgeltbestandteile** bezieht. Für außertarifliche Komponenten gelten die gleichen Anforderungen wie für tariffreie Arbeitgeber.

4.3.3.2 Tariffreie Arbeitgeber

Tariffreie Arbeitgeber sind verpflichtet, das **System der Entgeltfindung zu beschreiben. Dies gilt auch** dann, wenn die Entgeltfindung durch **Betriebsvereinbarung** geregelt ist. Soweit Beschreibungen des Entgeltsystems bereits existieren, können diese der Auskunft beigefügt werden.[51]

Arbeitgeber, bei denen ein **Entgeltsystem nicht existiert**, d. h. deren Entgeltfindung nicht systematisch, sondern durch Einzelfallentscheidungen erfolgt, müssen diesen Umstand beschreiben. Letztendlich muss sichergestellt sein, dass dem Antragsteller deutlich wird, wie sich sein durchschnittliches Bruttomonatsentgelt und das durchschnittliche Bruttomonatsentgelt der Vergleichstätigkeit zusammensetzen. Dazu sind die Entgelte jeweils in die einzelnen Komponenten aufzuschlüsseln und dann darzulegen, an welche Merkmale diese anknüpfen.

Erschwerniszulage

Bspw. wäre bei einer **Erschwerniszulage** darzulegen, warum diese nicht Bestandteil des Bruttomonatsentgelts des Anfragenden, wohl aber des Bruttomonatsentgelts der Vergleichstätigkeit ist. Dies gilt unabhängig davon, ob Entgeltbestandteile geschlechtsneutral oder funktionsneutral geleistet werden. Allerdings dürfte bei Entgeltbestandteilen, die allen Mitarbeitern gleich geleistet werden, der Hinweis auf die entsprechende Rechtsgrundlage genügen.

---

[50]*Langemann/Wilking*, BB 2017, 501, 503.
[51]*Häferer/Köhler*, CB 2017, 284, 287.

Im Hinblick auf das Gebot diskriminierungsfreier Entgeltsysteme[52] ist tariffreien Arbeitgebern aber **dringend anzuraten, ein Entgeltsystem bzw. Grundsätze der Entgeltfindung einzuführen,** die diesen Anforderungen gerecht werden.

> Idealerweise liegt diesem ein System der Stellenbewertung zugrunde. Wenn dies nicht bzw. nicht kurz-/mittelfristig umsetzbar ist, sollten zumindest Ermessensleitlinien für die Entgeltfindung der jeweiligen Vorgesetzten eingeführt werden.[53]

4.3.4   Freiwillige Angaben

Grundsätzlich gilt, dass die Aussagekraft des Medianwerts nicht allzu hoch ist.[54] Von der Differenz eines individuellen Gehalts zum Median der Vergleichsgruppe kann nicht zwangsläufig auf eine Diskriminierung geschlossen werden. Grund dafür ist vor allem, dass der betroffene Arbeitnehmer nicht weiß, wie hoch die **Gehaltsspanne des eigenen Geschlechts** ist und wo sich deren Median befindet. Diese kann auch exakt gleich sein wie diejenige in der Vergleichsgruppe. Entsprechendes gilt für die Lage des eigenen Gehalts im Verhältnis zum Durchschnittsgehalt der Vergleichsgruppe.

Gehaltsspanne des eigenen Geschlechts und Durchschnittsgehalt
Beispiel 1:
Arbeitnehmerin A verdient 2600 € brutto im Monat. Sie stellt einen Antrag auf Auskunft und erfährt, dass der Median des durchschnittlichen Monatsgehalts ihrer männlichen Kollegen aus der Vergleichsgruppe bei 3000 € liegt. Daraus schließt sie, dass sie wegen ihres Geschlechts diskriminiert wird.

Allerdings verdienen die ebenfalls vergleichbaren weiblichen Kolleginnen B 2300 €, C 2400 €, D 2800 €, E 3200 €, F 3400 € und G 3600 €. Der Median läge hier ebenfalls bei 3000 €.[55] Was auf den ersten Blick für eine Entgeltdiskriminierung wegen des Geschlechts spricht, stellt sich erst unter Berücksichtigung der Gehaltsspanne der weiblichen Kollegen in einem anderen Licht dar.[56]

---

[52]S. § 4 Abs. 4 EntgTranspG sowie unten Ziff. 9.
[53]Weitere Hinweise zur Ausgestaltung von Entgeltsystemen unter Ziff. 9.
[54]Für „gänzlich ungeeignet" hält den statistischen Median bspw. *Thüsing*, BB 2017, 565, 567.
[55]Zur Berechnung vgl. Ziff. 5.3.1.2.2.
[56]*Häferer/Köhler*, CB 2017, 284, 286; *Franzen*, NZA 2017, 814, 816; *Bauer/Romero*, NZA 2017, 409, 412; *Thüsing*, BB 2017, 565, 567.

Beispiel 2:

Arbeitnehmerin F verdient 2000 € brutto im Monat. Infolge ihres Auskunftsantrags erfährt sie, dass der Median der durchschnittlichen Bruttogehälter von sechs vergleichbaren männlichen Kollegen bei 2250 € liegt. Dies deutet aus ihrer Sicht auf eine geschlechtsbezogene Diskriminierung hin. Allerdings stellt sich die Verteilung bei den Vergleichspersonen wie folgt dar: Kollege A verdient 1000 €, Kollege B 1000 €, Kollege C 2000 €, Kollege D 2500 €, Kollege F 2500 €, Kollege G 2500 €. Der Durchschnitt beträgt daher gerundet 1916,67 €.

Arbeitnehmerin F verdient demnach zwar weniger als den Median, aber mehr als den Durchschnitt ihrer männlichen Kollegen. Von dieser Tatsache zu erfahren, kann dem Eindruck einer Diskriminierung von vornherein vorbeugen.

Arbeitgeber sollten daher durch **freiwillige Angaben** Missverständnissen vorbeugen, wenn offensichtlich ist, dass eine Diskriminierung nicht vorliegt, aber durch den Median vielleicht dieser Eindruck erweckt werden könnte. Es handelt sich somit immer um Einzelfallentscheidungen.

Freiwillige Angaben

Solche Angaben können u. a. sein:

- Gehaltsspanne vergleichbarer Arbeitnehmer des eigenen Geschlechts
- Median der Gehälter vergleichbarer Arbeitnehmer des eigenen Geschlechts
- Durchschnittsgehalt der Vergleichsgruppe des anderen Geschlechts
- Rechtfertigungen für Gehaltsunterschiede

4.4 Form und Frist der Auskunft

Tariffreie Arbeitgeber müssen die angeforderten Informationen **innerhalb von drei Monaten** nach Auskunftsverlangen **in Textform** erteilen. Kann die Frist nicht eingehalten werden, ist der Arbeitnehmer zu informieren und die Auskunft ohne weitere Verzögerung zu erteilen. Eine Verzögerung sollte allerdings möglichst **vermieden** werden, da sie als Indiz für unternehmensinterne „Baustellen" bei der Durchsetzung von Entgeltgleichheit gewertet werden könnte.

Form- und Fristvorschriften sind für **tarifliche Arbeitgeber gesetzlich nicht geregelt.** Dies gilt auch für Anfragen von außertariflichen Mitarbeitern.

➤   Tarifliche Arbeitgeber **sollten sich** aber dennoch möglichst an den
Vorgaben für die sonstigen Arbeitgeber **orientieren** und die Auskunft
schriftlich innerhalb von drei Monaten erteilen, um eine **Dokumen-
tation sicherzustellen** und die **gerichtliche Geltendmachung des
Auskunftsanspruchs zu vermeiden.**[57]

Im allgemeinen bietet es sich an, für die Auskunftserteilung **Formulare** zu ver-
wenden. **Freiwillige Zusatzangaben**[58] sollten allerdings „außerhalb" des For-
mulars, bspw. im Anschreiben, der Begleitemail o. ä. mitgeteilt werden, damit
nicht der Eindruck entsteht, solche Angaben würden standardmäßig erteilt.
Ansonsten besteht die Gefahr einer betrieblichen Übung, die den auskunftsbe-
rechtigten Beschäftigten einen Anspruch auf diese Angaben gibt. Darüber hinaus
könnte der Eindruck entstehen, Arbeitgeber würden unterschiedliche Maßstäbe
bei der Beantwortung von Auskunftsersuchen anlegen. Deshalb sollte sich die
formale Beantwortung d. h. die Angaben im Auskunftsformular, auf die gesetzlich geforderten Angaben beschränken.

4.5   Aufgaben des Betriebsrats

Das EntgTranspG konkretisiert die im BetrVG genannten allgemeinen Aufgaben
des Betriebsrats für den Bereich Entgeltgleichheit (§ 13 EntgTranspG). Gesetzliche und sonstige kollektiv-rechtlich geregelte Beteiligungsrechte des Betriebsrats bleiben vom EntgTranspG unberührt. Ganz allgemein ist der Betriebsrat nach
dem EntgTranspG für die **Förderung von Entgeltgleichheit** verantwortlich. Er
kann dazu dem Arbeitgeber z. B. Vorschläge zur Realisierung von Entgeltgleichheit machen.
  Als Mittel zur Durchsetzung seiner Förderungspflicht überträgt das Gesetz
zunächst dem Betriebsrat die Verpflichtung die Auskunftsersuchen der Mitarbeiter zu erfüllen. Hat der Arbeitgeber (entgegen der hier empfohlenen Vor-
gehensweise) die Pflicht zur Auskunftserteilung **nicht selbst übernommen,** so
trifft diese dem Betriebsrat.[59] Das gilt allerdings nur insoweit, als der Arbeitgeber

---

[57]Vgl. EK/*Schlachter,* § 14 EntgTranspG Rn. 1; dies empfehlen auch *Langemann/Wilking,*
BB 2017, 501, 504; gar für eine analoge Anwendung des § 15 III BetrVG spricht sich *Holler,* NZA 2017, 822, 825 aus.
[58]S. Ziff. 4.3.4.
[59]*Günther/Heup/Mayr,* NZA 2018, 545, 545 f.

ordnungsgemäß die erforderlichen Informationen und aufbereiteten Unterlagen bereitstellt (§ 13 Abs. 3 EntgTranspG), weil der Betriebsrat andernfalls nicht in der Lage ist eine ordnungsgemäße Auskunft zu erteilen.

Auch wenn die Auskunftspflicht **vom Arbeitgeber übernommen** wurde, bleibt das Einsichtsrecht des Betriebsrats in die Entgeltlisten aufgrund seiner allgemeinen Förderungspflicht bestehen.[60] Den Arbeitgeber trifft in diesen Fällen aber keine Pflicht, die Entgeltlisten so aufzubereiten, dass sie eine Auskunft gegenüber den Beschäftigten ermöglichen.[61] Wird die Auskunftspflicht vom Arbeitgeber erfüllt, ist dem Betriebsrat dennoch eine Abschrift der erteilten Auskunft zuzuleiten. Es ist zu erwarten, dass der Betriebsrat diese Auskünfte auswertet, um mögliche Entgeltdiskriminierung mit Beispielen untermauern zu können. Auch deshalb ist bei der Erstellung der Auskünfte größte Sorgfalt geboten.

4.6 Vorüberlegungen zur Vorbereitung von Auskunftsersuchen

Ist ein Betriebsrat vorhanden, sollten die Zuständigkeiten für Auskunftsersuchen zunächst geklärt werden. Allerdings wird empfohlen, dass der Arbeitgeber die Auskunftserteilung selbst übernimmt, weshalb die nachstehenden Hinweise für Arbeitgeber gelten, die die Auskunft selbst erteilen.

Um von den Privilegierungen[62] im Rahmen der Auskunftsverpflichtung profitieren zu können, muss die die **Tarifanwendung gegenüber dem Betriebsrat rechtzeitig erklärt** werden.[63]

Des Weiteren sollten die verschiedenen **Entgeltkomponenten sowie deren jeweilige Rechtsgrundlagen identifiziert** werden. Diese Maßnahme kann die Informationserteilung nach einem erfolgten Auskunftsersuchen erheblich beschleunigen.

In einem weiteren Schritt sollte die Systematik der **Vergleichsgruppenbildung** erschlossen werden. So ist zu klären, inwieweit diese über Tarifverträge, ein betriebliches Entgeltsystem mit Stellenbewertung, oder die Anwendung der allgemeinen Kriterien einer Stellenbewertung bestimmt werden können.

---

[60]BeckOK/*Roloff*, § 13 EntgTranspG Rn. 5.
[61]*Kania*, NZA 2017, 819, 820.
[62]Vgl. insbesondere Ziff. 4.3.1.1.1 sowie Ziff. 4.3.3.1.
[63]S. Ziff. 3.2.3.

Außerdem sollten bereits **Formulare** vorbereitet werden, die für die Auskunftserteilung genutzt werden können. Die Orientierung an einem **Musterbeispiel**[64] ist als erster Anknüpfungspunkt zu empfehlen, Arbeitgeber sollten aber immer auch den Einzelfall im Blick behalten und die Informationen ggf. zu ergänzen.[65]

4.7 Ablauf der Auskunftserteilung

	Tarifliche Arbeitgeber	Tariffreie Arbeitgeber
1. Antrag		
1.1 Antrageingang	Zuständigkeit klären, soweit Betriebsrat (BR) vorhanden und der Arbeitgeber (AG) nicht die generelle Zuständigkeit für die Beantwortung übernommen hat[a]	
1.2 Prüfung des Antrags	Betriebsgröße (200+ Beschäftigte), Schrift- oder Textform des Antrags, Mindestangaben[b]	
1.3 Bestätigung Auftragseingang	Gesetzlich nicht vorgesehen, aber zu empfehlen	
1.4 Information des Betriebsrats	Information über Eingang des Antrags und Bearbeitung[c]	
2. Ermittlung des Vergleichsentgelts		
2.1 Ermittlung der Vergleichsgruppe	Anhand der Entgeltgruppe des Tarifvertrags (TV). Bei außertariflichen Antragstellern wie bei tariffreien AG (rechte Spalte)[d]	Anhand der Kriterien für gleiche/gleichwertige Tätigkeit[e]
2.2 Prüfung Mindestgröße der Vergleichsgruppe	Mindestens 6 Beschäftigte[f]	
2.3 Ermittlung der Geschlechterverteilung für Vergleichsgruppe (auch wenn nicht beantragt)	Verhältnis der männlichen und weiblichen Beschäftigten in der Vergleichsgruppe[g]	

---

[64]Unser Muster finden Sie unter (Link vom Verlag einzufügen).
[65]S. Ziff. 4.3.4.

	Tarifliche Arbeitgeber	Tariffreie Arbeitgeber
2.4 Bestimmung Entgelt-komponenten	Für jedes Mitglied der Vergleichsgruppe gesondert (dieser Schritt kann durch entsprechende Programmierung der Lohn-buchhaltungssoftware bereits vorbereitet werden)[h]	
2.5 Bestimmung des indi-viduellen Durchschnitts-gehalts	Für jedes Mitglied der Vergleichsgruppe gesondert; durch-schnittliches Bruttoentgelt des vorangegangenen Kalenderjahres[i]	
2.6 Bestimmung des Medianwerts	Der „mittlere" Wert der durchschnittlichen Bruttoentgelte aller Mitglieder der Vergleichsgruppe[j]	
2.7 Entscheidung über Erteilung freiwilliger Angaben	Gesetzlich nicht vorgesehen, aber empfohlen, wenn der Medianwert nicht aussagekräftig ist und deshalb auf (ver-meintliche) Entgeltbenachteiligungen hinweist	

3. Ermittlung der angefragten Entgeltkomponenten

3.1 Vergleichsgruppe und Mindestgröße	Wie oben (2.1 und 2.2)	
3.2 Bestimmung des indi-viduellen Durchschnitts	Für jede Entgeltkomponente und jedes Mitglied der Ver-gleichsgruppe gesondert (sollte bereits als Zwischenschritt zu Schritt 2.4 und 2.5) ermittelt werden	
3.3 Bestimmung des Medianwerts	Für jede Entgeltkomponente gesondert. Der „mittlere" Wert der durchschnittlichen Bruttobeträge aller Mitglieder der Vergleichsgruppe[k]	
3.4 Entscheidung über Erteilung freiwilliger Angaben	Gleiche Überlegungen wie oben (2.7)	

4. Ermittlung Kriterien und Verfahren zur Entgeltfindung

4.1 Für Antragsteller (soweit beantragt)	Für tarifliche Entgeltbestandteile: Nennung des TV und Angabe, wo dieser einzusehen ist. Für außertarifliche Entgelt-bestandteile: wie bei tariffreien AG (rechte Spalte)[l]	Angabe der Rechtsgrund-lage für Entgeltbestand-teil und Beschreibung der Kriterien der Entgeltfindung, ggf. anhand vorhandener Beschreibungen[m]
4.2 Für Vergleichsgruppe (soweit beantragt)	Wie Schritt 3.1	

	Tarifliche Arbeitgeber	Tariffreie Arbeitgeber
5. Beantwortung des Auskunftsersuchens		
5.1 Beachtung von Form und Frist	Keine Vorgaben bezüglich Form und Frist, jedoch empfohlen, sich an den für tariffreie AG maßgebenden Anforderungen zu orientieren	Innerhalb von drei Monaten, in Schrift- oder in Textform
5.2 Information des Betriebsrats	Information des BR über erteilte Antwort[n]	

[a]S. Ziff. 4.2.2
[b]S. Ziff. 4.2.3
[c]S. Ziff. 4.2.2
[d]S. Ziff. 4.3.1.1.1
[e]S. Ziff. 4.3.1.1.2
[f]S. Ziff. 4.3.1.1.3
[g]Gilt vrss. auch für tarifliche Arbeitgeber, s. Ziff. 4.1
[h]S. Ziff. 4.3.2
[i]S. Ziff. 4.3.1.2
[j]S. Ziff. 4.3.1.2.2
[k]S. Ziff. 4.3.1.2.2
[l]S. Ziff. 4.3.3.1
[m]S. Ziff. 4.3.3.2
[n]Sofern Arbeitgeber die Auskunftserteilung selbst übernommen hat, vgl. Ziff. 4.2.2

4.8   Rechtsfolgen bei Verstößen gegen den individuellen Auskunftsanspruch

4.8.1   Tariffreie Arbeitgeber

4.8.1.1   Die unterlassene Auskunft

Unterlässt der **tariffreie** Arbeitgeber die Auskunftserteilung, trägt er im Streitfall die Beweislast dafür, dass kein Verstoß gegen das Entgeltgleichheitsgebot vorliegt.[66] Gleiches gilt, wenn der Arbeitgeber die Auskunft nicht fristgemäß erteilt. Ein solches Verhalten kommt letztendlich einer Nichtauskunft gleich.[67]

---

[66]EK/*Schlachter,* § 15 EntgTranspG Rn. 10.
[67]Däubler/Bertzbach/*Hinrichs,* § 15 EntgTranspG Rn. 7 unter Berufung auf den Leitfaden des BMFSFJ zum EntgTranspG, S. 57; ebenso BeckOK ArbR/*Roloff,* § 10 EntgTranspG Rn. 42.

Dabei handelt es sich um eine **Beweislastumkehr zulasten des Arbeitgebers.** Das hat zur Folge, dass die Nichtauskunft als Indiz für eine Benachteiligung beim Entgelt wegen des Geschlechts gewertet wird. Der Arbeitgeber hat dann im Rahmen einer Entgeltgleichheitsklage die Beweislast dafür zu tragen, dass kein Verstoß gegen das Benachteiligungsverbot vorliegt.[68] Der Arbeitgeber muss also beweisen, dass entweder schon keine Entgeltunterschiede zwischen weiblichen und männlichen Beschäftigten mit gleicher bzw. gleichwertiger Tätigkeit bestehen oder die unterschiedliche Bezahlung aus sachlichen Gründen gerechtfertigt ist.[69]

▶ Ohne Hilfe der Beweislastumkehr tun sich Beschäftigte meist schwer, eine Entgeltdiskriminierung darzulegen bzw. zu beweisen. Die Beweislastumkehr hat deshalb eine erhebliche Verschlechterung der Rechtsposition des Arbeitgebers zur Folge.

4.8.1.2 Die unvollständige Auskunft
Auch eine unvollständige Auskunft des Arbeitgebers ist – zumindest in Teilen – eine unterlassene Auskunft. Man wird daher davon ausgehen müssen, dass auch immer dann eine unterlassene Auskunft vorliegt, wenn zu **wesentlichen Bestandteilen der Auskunft keine Angaben** gemacht werden.[70] Ohne diese Angaben gilt die gesamte Auskunft als nicht erteilt und die Beweislastumkehr kommt zum Tragen.

▶ Tipp
Die Gefahr von rechtlichen Konsequenzen für den zur Auskunft verpflichteten Arbeitgeber ist dementsprechend wesentlich höher, wenn zu einzelnen Bestandteilen der Auskunft überhaupt keine Angaben gemacht werden, als wenn „nur" fehlerhafte Angaben gemacht werden. Es empfiehlt sich daher stets eine **vollständige Auskunft** zu erteilen, auch wenn die Beantwortung der Anfrage in Teilen schwer fällt.
    Eine bewusste Falschauskunft ist hingegen immer als Nichtauskunft zu werten.[71]

---

[68]BT-Drucks. 18/11133, S. 66.

[69]Däubler/Bertzbach/*Hinrichs*, § 15 EntgTranspG Rn. 6.

[70]Däubler/Bertzbach/*Hinrichs*, § 15 EntgTranspG Rn. 7; so auch zu den einzelnen erfragten Entgeltbestandteilen BT-Drucks. 18/11133, S. 66; Leitfaden des BMFSFJ zum EntgTranspG, S. 57; a. A. wohl *Langemann/Wilking*, BB 2017, 501, 504 sowie EK/*Schlachter*, § 15 EntgTranspG Rn. 10.

[71]Ebenso Däubler/Bertzbach/*Hinrichs*, § 15 EntgTranspG Rn. 7; ähnlich auch BeckOK ArbR/*Roloff*, § 10 EntgTranspG Rn. 43.

4.8.1.3 Die fehlerhafte Auskunft

Im EntgTranspG ist nur von der unterlassenen Auskunft die Rede (§ 15 Entg-TranspG), nicht aber von der fehlerhaften Auskunft (z. B. falsch berechneter Median). Die fehlerhafte Auskunft ist **nicht erfasst** und hat dementsprechend auch nicht die Umkehr der Beweislast zur Folge.[72] Auch andere Rechtsfolgen ordnet das Gesetz nicht an.

Nichtsdestotrotz kann eine fehlerhafte Auskunft ein **Indiz für eine Entgeltdiskriminierung** sein. Im Rahmen einer Entgeltgleichheitsklage muss der klagende Beschäftigte aufgrund der **Beweiserleichterung** lediglich Indizien beweisen, die eine Benachteiligung wegen des Geschlechts vermuten lassen. Demnach genügt ein Beschäftigter seiner Darlegungslast bereits dann, wenn er Indizien vorträgt, die **mit überwiegender Wahrscheinlichkeit** darauf schließen lassen, dass eine Benachteiligung wegen des Geschlechts erfolgt ist. Der Arbeitgeber trägt daraufhin die Beweislast dafür, dass der Gleichbehandlungsgrundsatz nicht verletzt wurde.[73] Es handelt sich dabei um eine Ausnahme zu dem zivilprozessrechtlichen Prinzip, wonach grundsätzlich der Anspruchsteller die anspruchsbegründenden Tatsachen darzulegen und zu beweisen hat. Die Regelung trägt dem Umstand Rechnung, dass Beschäftigte nur sehr eingeschränkte Möglichkeiten haben, Tatsachen aus der Sphäre des Arbeitgebers zu beweisen.

Zwar reicht die fehlerhafte Auskunft allein noch nicht aus, um die Beweislastumkehr auszulösen. Allerdings kann die fehlerhafte Auskunft **in Kombination mit anderen Indizien** für eine Entgeltdiskriminierung zur Beweislastumkehr führen (s. Abb. 4.2).[74]

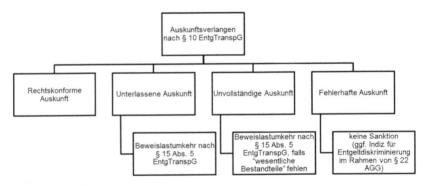

Abb. 4.2 Folgen einer nicht rechtskonformen Auskunft für tariffreie Arbeitgeber

---

[72]EK/*Schlachter*, § 15 EntgTranspG Rn. 10; *Franzen*, NZA 2017, 814, 818.

[73]BAG, Urteil vom 18.05.2017 – 8 AZR 74/16 = NZA 2017, 1530.

[74]So wohl auch Däubler/Bertzbach/*Hinrichs*, § 15 EntgTranspG Rn. 7.

4.8.2 Tarifliche Arbeitgeber

Die Beweislastumkehr des § 15 Abs. 5 gilt ausdrücklich nur für tariffreie Arbeitgeber. In § 14 EntgTranspG, der für tarifgebundene und tarifanwendende Arbeitgeber gilt, ist **keine Sanktionsregelung** für die unterlassene oder fehlerhafte Auskunft vorgesehen.[75]

Die unterlassene bzw. fehlerhafte Auskunft eines tariflichen Arbeitgebers kann aber – wie bereits die fehlerhafte Auskunft eines tariffreien Arbeitgebers – in einer Entgeltgleichheitsklage zumindest **Indiz für eine Entgeltdiskriminierung** sein.[76] Besonders im Hinblick auf die nicht erteilte Auskunft muss dies gelten. Denn laut der Gesetzesbegründung zu § 15 EntgTranspG ruft die nicht erteilte Auskunft des tariffreien Arbeitgebers *„Zweifel an der Rechtstreue des Arbeitgebers in Bezug auf die Entgeltgleichheit"* hervor.[77] Diese Aussage muss auch für tarifliche Arbeitgeber Gültigkeit haben.

Kommt es also zu einem Streitfall über eine mögliche Entgeltdiskriminierung, hätte die unterlassene bzw. fehlerhafte Auskunft des tariflichen Arbeitgebers eine Verbesserung der Rechtsposition des Beschäftigten zur Folge (s. Abb. 4.3).

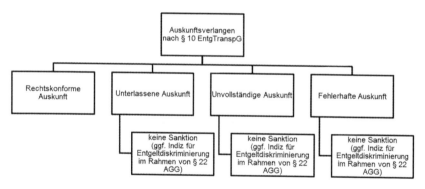

Abb. 4.3 Folgen einer nicht rechtskonformen Auskunft für tarifliche Arbeitgeber

---

[75]Däubler/Bertzbach/*Hinrichs*, § 14 EntgTranspG Rn. 7; *Franzen*, NZA 2017, 814, 819; *Langemann/Wilking*, BB 2017, 501, 504.

[76]EK/*Schlachter*, § 14 EntgTranspG Rn. 9.

[77]BT-Drucks. 18/11133, S. 66.

Betriebliche Prüfverfahren

5

5.1 Basics

Private Arbeitgeber mit in der Regel **mehr als 500 Beschäftigten** sind **aufgefordert – nicht verpflichtet –**, ihre Vergütungsstrukturen regelmäßig auf Entgeltbenachteiligungen wegen des Geschlechts zu überprüfen. Dies soll im Rahmen „betrieblicher Prüfverfahren" erfolgen.

Entscheiden sich Unternehmen für eine solche Prüfung, sieht das Gesetz **Anforderungen** für die Ausgestaltung des Verfahrens und die Beteiligung der **betrieblichen Interessenvertretung** vor. Beschäftigte und betriebliche Interessenvertreter sind über die **Ergebnisse der Prüfung zu informieren.** Aus diesem Grund wird vielfach bezweifelt, dass betriebliche Prüfverfahren in der Praxis große Relevanz erlangen werden.[1] Teilweise wird von deren Durchführung ausdrücklich abgeraten.[2]

Schon aus **Compliance-, Personalmanagement** und **Reputationsgründen** werden Unternehmen jedoch häufig nicht umhin kommen, sich für Entgeltgerechtigkeit einzusetzen und ihre Entgeltstrukturen entsprechend zu untersuchen.[3] Darüber

---

[1] Däubler/Bertzbach/*Hinrichs*, § 17 EntgTranspG Rn. 2; *Langemann/Wilking*, BB 2017, 501, 505.

[2] *Bauer/Günther/Romero*, NZA 2017, 809, 812 f.; *Thüsing*, BB 2017, 565, 568.

[3] In diese Richtung: *Fuhlrott/Ritz*, ArbRAktuell 2017, 211, 213; *Müller*, BB 2017, 2101, 2104; *Bauer/Günther/Romero*, NZA 2017, 809, 812 f.; auch die Gesetzesbegründung verweist auf den hohen Stellenwert eines nachhaltigen Personalmanagements, das Lohngerechtigkeit und Chancengleichheit fokussiert, um qualifizierte Fachkräfte zu rekrutieren und zu binden, BT-Drs. 18/11333, S. 21.

© Springer Fachmedien Wiesbaden GmbH, ein Teil von Springer Nature 2019
K. Häferer und M. Köhler, *Praxisleitfaden Entgelttransparenzgesetz*, essentials,
https://doi.org/10.1007/978-3-658-25402-5_5

hinaus sind **alle Unternehmen – ungeachtet ihrer Größe –** gehalten, ihre Entgeltsysteme diskriminierungsfrei auszugestalten und vorbeugende Maßnahmen gegen
Entgeltbenachteiligung zu treffen. Diesem Zweck dient das betriebliche Prüfverfahren, mit dem „strukturelle Benachteiligungspotenziale" sowie mögliche Entgeltbenachteiligungen identifiziert werden sollen.[4] Dabei geht der Gesetzgeber
ausdrücklich davon aus, dass solche Benachteiligungen **weder beabsichtigt noch
transparent** und Arbeitgebern sowie Beschäftigten deshalb auch nicht bewusst
sind.[5]

Davon unabhängig überprüfen international agierende Unternehmen ihre Entgeltstrukturen zunehmend im Rahmen sogenannter „**Gender Pay Audits**", die
unabhängig von den Regelungen des Entgelttransparenzgesetzes angestoßen werden.

5.2   Prüfverfahren nach dem EntgTranspG

5.2.1   Adressat der Regelungen

Die Regelungen über das betriebliche Prüfverfahren richten sich an „private
Arbeitgeber" mit „in der Regel mehr als 500 Beschäftigten".

Der Begriff „private Arbeitgeber" meint Arbeitgeber, die **privatrechtlich
organisiert** sind wie Unternehmen in der Rechtsform einer AG, SE, GmbH, KG,
etc.[6] Öffentlich-rechtliche Arbeitgeber sind nicht erfasst. Sie unterliegen jedoch
besonderen Prüf- und Berichtsplichten des öffentlichen Rechts.[7]

Der Schwellenwert von **500 Beschäftigten** bezieht sich auf das **gesamte
Unternehmen.** Die Prüfung kann durch die Konzernobergesellschaft erfolgen,
wenn diese auf die Entgeltbedingungen von zumindest einem Konzernunternehmen entscheidenden Einfluss hat.[8]

Für den Begriff der „**in der Regel Beschäftigten**" gelten die gleichen Maßstäbe wie im Zusammenhang mit dem Auskunftsanspruch.[9]

---

[4]BFSFJ, Leitfaden EntgTranspG, S. 58.
[5]BT-Drs. 18/11333, S. 21, 70.
[6]BT-Drs. 18/11133, S. 68.
[7]BeckOK ArbR/*Roloff*, § 17 EntgTranspG Rn. 3 m.w.N.
[8]§ 17 Abs. 1 S. 2 EntgTranspG.
[9]S. Ziff. 4.2.1.

5.2.2 Umfang und Gegenstand der Prüfung

Im Gegensatz zu individuellen Auskunftsansprüchen haben Prüfverfahren nicht die Vergütung Einzelner im Blick. Sie setzen kollektiv an und sollen betriebliche Entgeltstrukturen auf strukturelle Diskriminierungspotenziale prüfen.[10]

5.2.2.1 Entgeltbestandteile, Entgeltregelungen und Arbeitsbewertungsverfahren

Um eine umfassende Prüfung zu gewährleisten, soll die Prüfung **sämtliche Entgeltbestandteile**[11] erfassen, die im **Laufe eines Kalenderjahres** gezahlt werden.[12] Ebenfalls zu prüfen sind die **Entgeltregelungen**, d. h. diejenigen Regelungen, die Grundlage für die Festlegung des Entgelts sind wie beispielsweise Tarifverträge oder Betriebsvereinbarungen.

Auch Verfahren der **Arbeitsbewertung** sind – soweit vorhanden – in die Prüfung miteinzubeziehen. Arbeitsbewertungsverfahren sind Verfahren zur Ermittlung des Wertes unterschiedlicher Tätigkeiten, die zum Zweck einer gerechten Entgeltfindung miteinander verglichen werden.[13] Sie legen fest, nach welchen Kriterien einzelne Tätigkeiten bewertet werden sollen. In der Praxis sind Verfahren der Arbeitsbewertung üblicherweise in Tarifverträgen oder betrieblichen Vergütungssystemen zu finden bzw. liegen diesen zugrunde.

5.2.2.2 Betriebe und Betriebsteile, Beschäftigungsgruppen und Tätigkeiten

Betriebliche Prüfverfahren sind zwar im Hinblick auf den Prüfungsgegenstand umfassend. **Flexibilität** besteht jedoch bezüglich des **Umfangs der Prüfung.** Insoweit betont auch der Gesetzgeber, dass das Verfahren „niedrigschwellig" angelegt sei.[14]

Deshalb ist es nicht erforderlich, sämtliche Betriebe in die Prüfung einzubeziehen oder sämtliche Beschäftigtengruppen zu erfassen. Hier besteht erheblicher Gestaltungsspielraum, da Unternehmen den Umfang der Prüfung selbst definieren.

---

[10]EntgTranspG, Leitfaden EntgTranspG, S. 24.

[11]Zum Begriff des „Entgelts" siehe oben, Ziff. 3.1.2.1.

[12]BT-Drs. 18/11333, S. 70 – siehe jedoch nachfolgend Ziff. 5.2.3.1 zum relevanten Personenkreis, für den sämtliche Entgeltbestandteile zu ermitteln sind.

[13]BFSFJ, Leitfaden Equal Pay, S. 19.

[14]BT-Drs. 18/11133, S. 69.

Die Prüfung kann deshalb nur **einen von mehreren Betrieben** erfassen.[15] Auch die Prüfung nur eines **Betriebsteils**[16] oder bestimmter **Beschäftigtengruppen**[17] bzw. **Tätigkeiten**[18] ist möglich.

Für **Arbeitsbewertungsverfahren** ergeben sich keine Anforderungen zum Umfang der Prüfung, sodass ein stichprobenartige Vorgehen ausreichen sollte.

5.2.2.3 Keine Überprüfung von Tarifverträgen

Für **tarifliche Entgeltsysteme** hat der Gesetzgeber klargestellt, dass diese nicht Gegenstand betrieblicher Prüfverfahren sind.[19] Hintergrund ist zum einen die Angemessenheitsvermutung, die für Tarifverträge zu beachten ist. Darüber hinaus wären Arbeitgeber die falschen Adressaten für eine solche Prüfung, da allein die Tarifvertragsparteien Abhilfe schaffen könnten, wenn Handlungsbedarf identifiziert wird.

Tarifgebundene und tarifanwendende Arbeitgeber können jedoch im Rahmen des Prüfverfahrens (freiwillig) prüfen, ob die tariflichen Regelungen in der betrieblichen Praxis diskriminierungsfrei angewandt werden.[20]

5.2.3 Methodik und Ablauf der Prüfung

Für den Ablauf des Prüfverfahrens hat der Gesetzgeber konkrete Vorgaben definiert, die im folgenden näher beleuchtet werden.

Eckpunkte des Prüfverfahrens
- Das Verfahren besteht aus Bestandsaufnahme, Analyse und Ergebnisbericht
- Bestandaufnahme und Analyse erfassen die aktuellen Entgeltregelungen, Entgeltbestandteile, Arbeitsbewertungsverfahren sowie deren Anwendung

---

[15]BT-Drs. 18/11133, S. 70.
[16]BT-Drs. 18/11133, S. 69.
[17]BT-Drs. 18/11133, S. 70.
[18]BT-Drs. 18/11133, S. 69.
[19]Entsprechendes gilt für gesetzliche Entgeltregelungen und Regelungen, die auf einer bindenden Festsetzung nach § 19 Abs. 3 des Heimarbeitsgesetzes beruhen, vgl. § 18 Abs. 3 S. 4 EntgTranspG.
[20]BT-Drs. 18/11133, S. 70.

- Bei der Prüfung sind gleiche bzw. gleichwertige Tätigkeiten[21] zu vergleichen
- Bei der Prüfung sind valide statistische Methoden zugrunde zulegen
- Die Daten sind nach Geschlecht aufzuschlüsseln
- Der Schutz personenbezogener Daten muss gewährleistet sein

5.2.3.1 Bestandsaufnahme

Unter Bestandsaufnahme versteht der Gesetzgeber zunächst die Erfassung der relevanten Entgeltregelungen und -bestandteile; mithin **sämtliche Entgeltregelungen und Entgeltbestandteile** für den **zu prüfenden Personenkreis.**[22]

Dabei ist aufzuschlüsseln, ob diese **Entgeltregelungen** für alle Beschäftigtengruppen bzw. Tätigkeiten gleichermaßen Anwendung finden oder ob es Ausnahmen gibt.[23]

Für die **Entgeltbestandteile** sollte ferner erhoben werden, wie hoch der Anteil der männlichen bzw. weiblichen Beschäftigten ist, der diese erhält.[24]

Soweit **Arbeitsbewertungsverfahren** zur Anwendung kommen, sollten auch diese erfasst werden. Wie bei Entgeltregelungen sollte auch hier erfasst werden, für welche Beschäftigtengruppe bzw. Tätigkeiten sie Anwendung finden.

Entsprechendes gilt für Tätigkeiten, die auf ihre **Vergleichbarkeit überprüft** werden sollen. Der Gesetzgeber empfiehlt hierfür Tätigkeiten aufzuführen, die von mindestens zwei Dritteln der Beschäftigten eines Geschlechts ausgeübt werden.[25] Dabei könne auch angegeben werden, ob es sich um eine „frauen- oder männerdominierte Tätigkeit"[26] handelt. Hintergrund ist die Rechtsprechung des EuGH zum Nachweis mittelbarer Entgeltbenachteiligung, die u. a. voraussetzt, dass erheblich mehr Angehörige eines Geschlechts tatsächlich nachteilig

---

[21]Zum Begriff der „gleichen" und „gleichwertigen Tätigkeit", siehe oben, Ziff. 3.1.2.2.

[22]Der Begriff „Personenkreis" wird zur sprachlichen Vereinfachung verwendet und ist nicht dahin gehend zu verstehen, dass die Vergütung bestimmter Einzelpersonen geprüft würde.

[23]BT-Drs. 18/11133, S. 70.

[24]BT-Drs. 18/11133, S. 70.

[25]BT-Drs. 18/11133, S. 70.

[26]Der Begriff ist nicht einheitlich definiert. Teilweise wird hier auf einen Anteil von mehr als 50 %, 60 % oder mehr als 70 % der Beschäftigten eines Geschlechts abgestellt, damit eine Tätigkeit von diesem Geschlecht „dominiert" ist.

betroffen sind.[27] Um aussagekräftige Daten für eine solche Analyse zu gewinnen, ist der (statistische) Anteil der männlichen und weiblichen Beschäftigten für die jeweils zu prüfenden Tätigkeiten zu ermitteln.[28]

Aspekte der Bestandsaufnahme
Die Bestandsaufnahme sollte deshalb folgendes erfassen:

- Den zu prüfenden **Personenkreis** (bspw. alle Beschäftigten eines Betriebes/Betriebsteils oder mehrerer Betriebe, bestimmte Beschäftigtengruppen oder Beschäftigte mit bestimmten Tätigkeiten)
- **Liste sämtlicher Entgeltbestandteile,** die der zu prüfende Personenkreis erhält
- Angabe der jeweiligen **Entgeltregelungen** unter Angabe des Geltungsbereichs
- **Aufschlüsselung** des Anteils der männlichen/weiblichen Beschäftigten, für die die Entgeltregelung jeweils Anwendung findet
- **Aufschlüsselung** des Anteils der männlichen/weiblichen Beschäftigten, die den jeweiligen Entgeltbestandteil erhalten
- Angabe der jeweiligen **Arbeitsbewertungsverfahren** (soweit vorhanden) unter Angabe des Geltungsbereichs

5.2.3.2 Analyse

Im Rahmen der Analyse sollen Entgeltregelungen, Entgeltbestandteile und Arbeitsbewertungsverfahren sowie deren Anwendung im Hinblick auf das Entgeltgleichheitsgebot überprüft werden. Bei der Auswahl der Analysemethoden und Verfahren für die Bewertung vergleichbarer Tätigkeiten sind Arbeitgeber frei.[29]

Für **Entgeltregelungen** und **Arbeitsbewertungsverfahren** soll überprüft werden, ob diese Raum für unmittelbare oder mittelbare Entgeltbenachteiligung eröffnen. In der Praxis kaum vorkommen dürften unmittelbare Entgeltbenachteiligungen, da diese voraussetzen, dass die betreffende Regelung unmittelbar an das Geschlecht oder an Merkmale anknüpft, die nur auf Beschäftigte des

---

[27]EuGH, Urteil vom 31.03.1981 – Rs. 96/80 = NJW 1981, 2639.
[28]BT-Drs. 18/11133, S. 70.
[29]S. Ziff. 5.2.4 zur Berücksichtigung betrieblicher Mitwirkungsrechte.

einen Geschlechts zutreffen. Schwerpunkt der Analyse ist deshalb die Prüfung etwaiger mittelbarer Benachteiligungen.

Unmittelbare und mittelbare Entgeltbenachteiligung

Eine **unmittelbare Entgeltbenachteiligung** läge vor, wenn nur männliche Beschäftigte am Bonusplan des Unternehmens teilnehmen dürften oder der Arbeitgeber männlichen Beschäftigen einen höheren Stundenlohn[30] zusprechen würde als weiblichen Beschäftigten der gleichen Tätigkeit. Entsprechendes gilt, wenn Beschäftigte wegen des Mutterschutzes oder aufgrund von Schwangerschaft von bestimmten Leistungen ausgeschlossen sind.

Eine **mittelbare Entgeltbenachteiligung** wegen des Geschlechts kann beispielsweise vorliegen, wenn Teilzeitbeschäftigte von bestimmten Entgeltbestandteilen ohne sachlichen Grund ausgeschlossen sind. Da weit überwiegend Frauen in Teilzeit beschäftigt sind, würde sich eine solche Entgeltregelung mittelbar besonders für Frauen nachteilig auswirken.

Für **Entgeltbestandteile** soll – insbesondere anhand statistischer Daten – ausgewertet werden, ob sich aus deren Verteilung Anzeichen für mögliche Entgeltbenachteiligungen ergeben.

Es gibt **keine abschließende Liste mit Prüfungspunkten,** die eine Analyse der Entgeltregelungen und Arbeitsbewertungsverfahren zwingend umfassen muss. Das „Mindestprogramm" ergibt sich mittelbar aus den Anforderungen an ein diskriminierungsfreies Entgeltsystem. Voraussetzung ist danach, dass die Art der Arbeit objektiv berücksichtigt wird, für weibliche und männliche Beschäftigte dieselben Kriterien gelten und diese diskriminierungsfrei gewichtet werden, sowie dass das System insgesamt durchschaubar ist.[31]

Diese Anforderungen wurden zwar durch das Entgelttransparenzgesetz erstmals gesetzlich geregelt. Sie gehen jedoch auf die Rechtsprechung des EuGH[32] sowie die „Gleichbehandlungsrichtlinie" 2006/54/EG zurück. Aus diesem Grund

---

[30]So bspw. bei LAG Rheinland-Pfalz, Urteil vom 28.10.2015 – 4 Sa 12/14 = BeckRS 2016, 66613; vom 13.05.2015 – 5 Sa 436/13 = NZA-RR 2015, 517; vom 14.08.2014 – 5 Sa 509/13 = NZA-RR 2015, 14.

[31]Siehe dazu auch unten, Ziff. 9.

[32]EuGH, Urteil vom 17.10.1989 – Rs. C 109/88 = AP EWG-Vertrag Art. 119 Nr. 27; vom 01.07.1986 – Rs. C 237/85 = AP EWG-Vertrag Art. 119 Nr. 13; vom 27.10.1993 – Rs. C-127/92 = NZA 1994, 797.

sind diese Kriterien schon lange Gegenstand etablierter Verfahren zur Überprüfung von Entgeltgerechtigkeit sowie entsprechender Leitfäden und Handlungs-
anweisungen.[33]

Prüfungsgegenstände

Im Rahmen betrieblicher Prüfverfahren sollte insbesondere überprüft werden, ob:[34]

- dieselbe Entgeltregelung für alle Beschäftigten gilt oder bestimmte
  Beschäftigtengruppen aus dem Geltungsbereich ausgenommen sind (bspw.
  befristet Beschäftigte, Teilzeitbeschäftigte, geringfügig Beschäftigte)
- es ein einheitliches Arbeitsbewertungssystem gibt oder unterschiedliche Systeme zur Anwendung kommen (beispielsweise für Arbeiter
  und Angestellte, gewerbliche und nicht-gewerbliche Beschäftigte, kauf-
  männische und technische Tätigkeiten)
- das Bewertungssystem nachvollziehbar und durchschaubar ist, sodass über-
  prüfbar ist, worauf Entgeltunterschiede beruhen
- dieselben Bewertungskriterien für Tätigkeiten, die typischerweise von
  Frauen ausgeübt werden, und solchen, die typischerweise von Männern
  ausgeübt werden, gelten (bspw. Verantwortung und Belastung); und
- die Bewertungskriterien diskriminierungsfrei ausgelegt werden (bspw. ob
  „Verantwortung" nur als Führungsverantwortung verstanden wird oder
  auch als Verantwortung für Gesundheit oder Erziehung von Menschen bzw.
  ob Belastung nur als „Muskelbelastung" ausgelegt wird oder auch psychi-
  sche Belastungen erfasst)[35].

Entsprechendes gilt für die Überprüfung von Tätigkeiten auf ihre **Gleichwertigkeit**.[36] Auch diese Kriterien sind nicht „neu", sodass auch hier auf aus der Praxis
bekannte Prüfinstrumente zurückgegriffen werden kann.

---

[33]Zu Entgeltsystemen: s. Ziff. 9; zu Prüfverfahren: *Jochmann-Döll, RdA* 2017, 169 sowie
BDA, Das neue Entgelttransparenzgesetz – Handlungsempfehlungen (Oktober 2017).

[34]Weitere Beispiele bei BFSFJ „Der Entgeltgleichheit einen Schritt näher", 2. Aufl. (2017),
Leitfaden EntgTranspG, 1. Aufl. (2017) sowie Leitfaden Equal Pay, 1. Aufl. (2003).

[35]Beispiele aus BFSFJ, Leitfaden Equal Pay, S. 32.

[36]BT-Drs. 18/11133, S. 70.

Dies gilt sowohl für die Frage, ob bestimmte frauen- und männerdomminierte Tätigkeiten zutreffend als gleichwertig (oder nicht gleichwertig) bewertet wurden und ob gleichwertige Tätigkeiten auch benachteiligungsfrei entlohnt werden.[37]

Gleichwertige Tätigkeiten

Beispielsweise, ob die Tätigkeit von Altenpflegern und Dienstfahrern[38] oder die Tätigkeit von Sachbearbeitern im Druck- und Verlagswesen und Programmierern gleichwertig sind.

Letzteres bezieht sich auf die Anwendung der Entgeltregelungen und die Verteilung der Entgeltbestandteile auf männliche bzw. weibliche Beschäftigte. Hierfür geben die in der Bestandsaufnahme ermittelten statistischen Daten einen ersten Anhaltspunkt. Weitere Erkenntnisse können sich aus dem Vergleich konkreter Tätigkeiten und deren Entlohnung ergeben. Dabei ist jedoch zu beachten, dass auch ein solcher Vergleich **nur Anhaltspunkte** für eine etwaige Entgeltbenachteiligung aufzeigen kann. Ob eine Entgeltbenachteiligung tatsächlich vorliegt, lässt sich nur durch weiterführende Prüfungen, insbesondere im Hinblick auf mögliche Sachgründe für unterschiedliche hohe Entlohnung bewerten.

5.2.3.3 Ergebnisbericht

Das Prüfverfahren endet mit Erstellung eines Ergebnisberichts, der die Erkenntnisse der Bestandsaufnahme und Analyse zusammenfasst. Dieser soll die aktuelle Situation beschreiben und etwaigen Handlungsbedarf aufzeigen. Nach Auffassung des Gesetzgebers gehen betriebliche Prüfverfahren deshalb einen Schritt weiter als „alle bisherigen Testverfahren und Instrumente".[39] Der Ergebnisbericht kann, muss aber nicht, betriebsintern veröffentlicht werden. Dabei ist der Schutz personenbezogener Daten sicherzustellen.[40] Wird der Bericht veröffentlicht, erfährt die Belegschaft, ob Defizite und Handlungsbedarf bestehen, was Anlass zur Überprüfung des eigenen Vergütung geben kann.[41]

---

[37]BT-Drs. 18/11133, S. 70.
[38]Beispiel aus BFSFJ, Leitfaden EntgTranspG, S. 34 f.
[39]BT-Drs. 18/11133, S. 71.
[40]BT-Drs. 18/11133, S. 71.
[41]BeckOK ArbR/*Roloff*, § 18 EntgTranspG Rn. 8.

5.2.4   Beteiligung der betrieblichen Interessenvertretung

Das EntgTranspG verweist an drei Stellen auf die Beteiligung der „betrieblichen Interessenvertretung"[42]. **Neue Mitbestimmungsrechte** werden dadurch jedoch **nicht** begründet.[43]

Beteiligung der betrieblichen Interessenvertretung
- Beteiligung bei der Durchführung des Verfahrens
- Mitwirkung bei der Auswahl von Analysemethoden und Arbeitsbewertungsverfahren
- Information über Planung des Verfahrens unter Vorlage erforderlicher Unterlagen

Die **Informations- und Mitwirkungsrechte** sind in § 20 Abs. 1 EntgTranspG „gebündelt".[44] Die anderen Regelungen haben nur deklaratorische Funktion. Sie sollen betonen, dass die Einbindung des Betriebsrats sinnvoll ist. Danach wird dieser nach Einschätzung des Gesetzgebers darauf hinwirken, dass die eingesetzten Prüfverfahren vergleichbar sind und zur besser verwertbaren Ergebnissen führen.[45]

„**Unterrichtung über die Planung**" bedeutet, dass der Betriebsrat über die Auswahl der Prüfinstrumente und den geplanten Ablauf zu informieren ist. Dies beinhaltet die Information, wann und wie das Verfahren durchgeführt wird und ob dies – was möglich ist – unter Hinzuziehung externer Sachverständiger erfolgt.[46]

Die Information soll „rechtzeitig" erfolgen, sodass der Betriebsrat seine Beteiligungsrechte tatsächlich ausüben kann.[47] Da keine neuen Mitbestimmungsrechte begründet werden, kann sich dies nur auf bestehende Rechte beziehen. Solche Rechte können sich aus § 87 Abs. 1 Nr. 6 BetrVG ergeben, wenn das

---

[42]Damit sind Betriebsräte gemeint, wobei für die Abgrenzung der Zuständigkeiten lokaler Betriebsräte, Gesamt- und Konzernbetriebsräte die allgemeinen Grundsätze des BetrVG gelten, vgl. u. a. *Kania*, NZA 2017, 819, 822.

[43]BT-Drs. 18/11133, S. 69.

[44]BT-Drs. 18/11133, S. 69.

[45]BT-Drs. 18/11133, S. 68.

[46]BT-Drs. 18/11133, S. 71.

[47]BT-Drs. 18/11133, S. 71.

eingesetzte IT-Tool zumindest geeignet ist, Leistung (oder Verhalten) der Arbeitnehmer zu überwachen, was bei der IT-basierten Auswertung leistungsbezogener Entgeltbestandteile grundsätzlich möglich ist.[48] Daneben kommt § 80 Abs. 1 Nr. 2 BetrVG in Betracht, falls der Betriebsrat Vorstellungen oder Bedenken zum geplanten Verfahren einbringen will.[49] Mitbestimmungsrechte aus § 87 Abs. 1 Nr. 10 BetrVG kommen jedoch nicht zur Anwendung, solange Entgeltstrukturen nur geprüft und nicht geändert werden.[50]

Der Betriebsrat ist über die **Ergebnisse** des Verfahrens zu informieren. Auf Verlangen ist ihm zudem der **Ergebnisbericht** vorzulegen. Dies ist im Entgelttransparenzgesetz zwar nicht ausdrücklich geregelt, folgt jedoch aus § 80 Abs. 2 i.V.m. Abs. 1 Nr. 2a BetrVG.[51]

5.2.5 Information der Beschäftigten

Entscheiden sich Arbeitgeber für die betriebsinterne Veröffentlichung des Ergebnisberichts, werden die Beschäftigten hierdurch bereits informiert.

Sie sind jedoch auch dann über die **Ergebnisse der Prüfung zu informieren,** wenn der Bericht nicht veröffentlicht wird.[52] Es gibt keine Vorgaben hinsichtlich der Form oder Mindestinhalte der Information. Nach § 20 Abs. 2 S. 2 EntgTranspG soll diese Information (jedenfalls auch) auf Betriebs- und Abteilungsversammlungen sowie der Betriebsräteversammlung im Rahmen des Berichts über den Stand der Gleichstellung zwischen Frauen und Männern erfolgen.[53]

5.3 Beseitigung etwaiger Benachteiligungen

Wird ein Verstoß gegen das Entgeltgleichheitsgebot festgestellt, hat der Arbeitgeber „**geeignete Maßnahmen**" zur Beseitigung der Benachteiligung zu treffen, § 19 EntgTranspG. Eine solche Pflicht ergibt sich jedoch auch ohne diese

---

[48]*Kania,* NZA 2017, 819, 821.

[49]EK/*Schlachter,* § 20 EntgTranspG Rn. 1.

[50]Vgl. insgesamt *Kania,* NZA 2017, 819; EK/*Schlachter,* § 18 EntgTranspG Rn. 3; BeckOK ArbR/*Roloff,* § 17 EntgTranspG Rn. 3 m.w.N.

[51]Däubler/Bertzbach/*Hinrichs,* § 17 EntgTranspG Rn. 2.

[52]EK/*Schlachter,* § 20 EntgTranspG Rn. 2.

[53]BT-Drs. 18/11133, S. 71; EK/*Schlachter,* § 20 EntgTranspG Rn. 2; Däubler/Bertzbach/*Hinrichs,* § 17 EntgTranspG Rn. 2.

Regelung aus § 7 AGG.[54] Nach dem Willen des Gesetzgebers soll dies „ohne schuldhaftes Zögern" – d. h. unverzüglich – erfolgen.[55] Wird kein Verstoß, sondern nur strukturelles Benachteiligungspotenzial identifiziert, ergeben sich aus § 19 EntgTranspG an sich keine Handlungspflichten. Diese ergeben sich jedoch mittelbar aus § 4 Abs. 4 EntgTranspG, wenn das Entgeltsystem den dort geregelten Anforderungen nicht gerecht wird.

5.4   Häufigkeit der Prüfung

Betriebliche Prüfverfahren sollen „regelmäßig" durchgeführt werden. Die Gesetzesbegründung empfiehlt einen Zeitraum von **nicht länger als fünf Jahren.**[56]

5.5   Überblick über mögliche Prüfverfahren

Anders als noch im Gesetzgebungsverfahren vorgesehen[57], gibt es kein Verfahren zur Zertifizierung von Prüfinstrumenten und Verfahren als „betriebliche Prüfverfahren".

Der Gesetzgeber hat jedoch mit dem von der Antidiskriminierungsstelle geförderten **„eg-check Verfahren"**[58] sowie dem **Leitfaden der International Labor Organisation (ILO) „Gendergerechtigkeit stärken – Entgeltgleichheit sicherstellen"**[59] zwei Verfahren empfohlen. Die Verfahren sind zwar recht unterschiedlich ausgestaltet. Nach Auffassung des Gesetzgebers sind jedoch beide „nachweislich geeignet" Entgeltgleichheit im Sinn des Gesetzes zu prüfen.[60]

Dabei eignet sich der eg-check insbesondere für Unternehmen, bei denen kollektive Entgeltregelungen zur Anwendung kommen. Diese können anhand eines „Regelungschecks" auf strukturelle Risiken von Entgeltregelungen im Hinblick auf Entgeltbenachteiligungen geprüft werden. Daneben gibt es Instrumente für

---

[54]EK/*Schlachter,* § 19 EntgTranspG Rn. 1.

[55]BT-Drs. 18/11133, S. 71.

[56]BT-Drs. 18/11133, S. 68.

[57]§ 13 Abs. 1 EntgTranspG-RefE.

[58]Abrufbar unter www.eg-check.de; Erläuterungen auch bei *Jochmann-Döll,* RdA 2017, 169.

[59]Abrufbar unter http://www.ilo.org/berlin/publikationen-und-forschung/WCMS_526195/lang--de/index.htm.

[60]BT-Drs. 18/11133, S. 69.

eine Prüfung solcher Risiken anhand statistischer Daten und „Paarvergleichen", mit denen die Soll/Ist-Gleichwertigkeit verschiedener Tätigkeiten überprüft werden kann.

Der ILO-Leitfaden wurde vor einem internationalen Hintergrund entwickelt und berücksichtigt kollektive Entgeltsysteme nicht. Er eignet sich aus diesem Grund eher für Unternehmen, die ihre Entgeltgerechtigkeit länderübergreifend nach einem einheitlichen Schema prüfen und (jedenfalls in Deutschland) keine betrieblichen oder tarifvertraglichen Entgeltsysteme anwenden.

Mittlerweile hat das Bundesfamilienministerium mit dem „Monitor Entgelttransparenzgesetz" in ihrem „Portal für Lohngerechtigkeit" ein weiteres Prüfinstrument präsentiert, zu dem jedoch bislang wenig Erfahrungswerte vorliegen.

Die Vor- und Nachteile dieser Verfahren – auch bezüglich des damit verbundenen Aufwands – hat die Bundesvereinigung der Deutschen Arbeitgeberverbände (BDA) in ihrem Leitfaden „Das neue Entgelttransparenzgesetz – Handlungsempfehlungen" im Oktober 2017 beleuchtet.

5.6   Rechtsfolgen bei Verstößen gegen die gesetzlichen Anforderungen

5.6.1   Freiwilligkeit im Grundsatz

Das betriebliche Prüfverfahren ist freiwillig. Das bloße Unterlassen einer Prüfung ist nicht sanktioniert.

5.6.2   Prüfverfahren „außerhalb" des EntgTranspG?

Seit Verabschiedung des Gesetzes wird jedoch diskutiert, ob es Möglichkeiten gibt, Prüfverfahren „außerhalb" der Regelungen des EntgTranspG durchzuführen.[61] Hintergrund ist insbesondere:

- die Pflicht zur Information der Beschäftigten über die Ergebnisse der Prüfung, da befürchtet wird, „Grund für Klagen auf dem Silbertablett zu präsentieren"[62]

---

[61] *Bauer/Günther/Romero*, NZA 2017, 809, 813; *Häferer/Köhler* CB 2017, 284, 285, 288.

[62] *Bauer/Günther/Romero*, NZA 2017, 809, 813; *Thüsing*, BB 2017, 565, 568.

- die Pflicht zur Beseitigung etwaiger Entgeltbenachteiligungen, die durch ein Prüfverfahren bekannt werden[63] ; und
- die Durchführung eines (globalen) Gender Pay Audits, das den Anforderungen der §§ 17 ff. EntgTranspG möglicherweise nicht gerecht wird.

Um solche Prüfverfahren von betrieblichen Prüfverfahren abzugrenzen, wird zum Teil vorgeschlagen, andere Prüfumfänge zu definieren, den Betriebsrat nicht einzuschalten oder den Abschluss der Prüfung hinausschieben bzw. einen Ergebnisbericht zu unterlassen.[64] Solche Ansätze mögen die Argumentation gegenüber Beschäftigten oder betrieblichen Interessenvertretern erleichtern, wenn diese von dem Verfahren Kenntnis erlangen und ihre Informations- bzw. Beteiligungsrechte geltend machen.

Erforderlich sind solche Maßnahmen jedoch nicht. Der Gesetzgeber hat sich ausdrücklich für das **Prinzip der Freiwilligkeit** entschieden. Er hat auch **keine Sanktionen für etwaige Verstöße** vorgesehen.[65] Prüfverfahren, die den gesetzlichen Anforderungen nicht genügen, müssen daher möglich und zulässig sein.

Der Gesetzgeber hat allerdings auch klargestellt, dass Arbeitgeber nur dann „alles in [ihrer] Verantwortung stehende" tun, um Entgeltunterschiede aufzudecken, wenn sie eben diese Vorgaben beachten.[66] Deshalb sind Arbeitgeber zwar nicht gezwungen, diese Vorgaben zu beachten.[67] Tun sie dies nicht, bleibt es ihnen jedoch verwehrt, sich – bspw. im Rahmen ihrer Berichtspflichten – darauf zu berufen, ein „betriebliches Prüfverfahren" durchgeführt zu haben. Sie haben dann nicht „alles getan", „um Entgeltunterschiede aufzudecken". Dies gilt für Arbeitgeber, die ein Prüfverfahren unterlassen, gleichermaßen wie für solche, die ein Prüfverfahren außerhalb des Entgelttransparenzgesetzes durchführen.

---

[63]*Bauer/Günther/Romero,* NZA 2017, 809, 813.

[64]*Bauer/Günther/Romero,* NZA 2017, 809, 813; *Häferer/Köhler* CB 2017, 284, 285, 288.

[65]EK/*Schlachter,* § 18 EntgTranspG Rn. 1.

[66]BT-Drucks. 18/11133, S. 69.

[67]So auch EK/*Schlachter,* § 17 EntgTranspG Rn. 3; in diese Richtung auch *Thüsing,* BB 2017, 565, 568; *Langemann/Wilking,* BB 2017, 501, 505.

5.6.3 Rechtsfolgen für Entgeltanpassungsklagen

Für etwaige Entgeltanpassungsklagen bleibt zu klären, ob sich Beschäftigte auf die Beweiserleichterung des § 22 AGG berufen können, wenn Arbeitgeber „alternative" Prüfverfahren durchführen. Mit dieser Regelung soll der Nachweis einer Benachteiligung im Sinne des AGG erleichtert werden. Bezogen auf einen Entgeltanpassungsvorschlag bedeutet dies, dass es ausreicht, wenn die Beschäftigten Indizien beweisen, die eine Entgeltbenachteiligung aufgrund des Geschlechts vermuten lassen. Der Arbeitgeber trägt dann die Beweislast dafür, dass keine geschlechtsbedingte Entgeltbenachteiligung vorliegt. Relevant würde diese Regelung, wenn ein Entgeltunterschied zu vergleichbaren Tätigkeiten besteht, jedoch unklar ist, ob dieser wegen des Geschlechts besteht. Für solche Fälle ist zwar nicht ausgeschlossen, dass die Rechtsprechung Arbeitnehmern eine Beweiserleichterung zuspricht.[68] Jedoch wurden solche Beweiserleichterungen bislang nur dann angenommen, wenn Arbeitgeber **gesetzliche Pflichten** verletzen, die dem Schutz vor Benachteiligungen aufgrund der in § 1 AGG genannten Merkmale dienen (bspw. den Schutz Schwerbehinderter durch die Arbeitgeberpflichten aus § 164 SGB IX [§ 81 SGB IX aF]).[69] Einer Übertragung dieser Grundsätze dürfte entgegenstehen, dass betriebliche Prüfverfahren ausdrücklich freiwillig sind und damit keine gesetzliche Pflicht zur Durchführung besteht.

Arbeitgeber sind deshalb in der Entscheidung frei, Prüfverfahren nicht oder anders durchzuführen, wenn sie die daraus entstehenden Nachteile in Kauf nehmen (zum Ablauf s. Abb. 5.1).[70]

---

[68]So *Fuhlrott/Ritz,* ArbRAktuell 2017, 211, 213.
[69]BAG, Urteil vom 17.08.2010 – 9 AZR 839/08 = NZA 2011, 153 bzgl. der Prüfung, ob freie Arbeitsplätze mit Schwerbehinderten besetzt werden können; BAG, Urteil vom 21.02.2013 – 8 AZR 180/12 = NZA 2013, 840 bzgl. der Pflicht zur Begründung einer ablehnenden Entscheidung über die Besetzung freier Stellen mit Schwerbehinderten.
[70]Ähnlich EK/*Schlachter,* § 18 EntgTranspG Rn. 1; *Wank,* RdA 2018, 34, 45, der das Verfahren zutreffend als „Obliegenheit" bezeichnet.

5.7 Übersicht: Ablauf des betrieblichen Prüfverfahrens

Siehe Abb. 5.1.

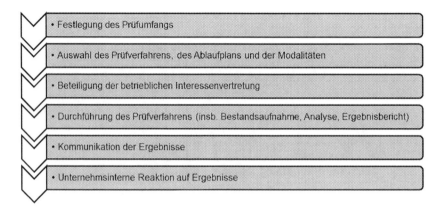

Abb. 5.1 Ablauf des betrieblichen Prüfverfahrens

Berichtspflichten für Arbeitgeber 6

6.1 Basics

Durch die Berichtspflicht soll die Bedeutung von Gleichstellung und Entgeltgleichheit unterstrichen und das Thema im Geschäftsalltag etabliert werden.[1] Ist der Arbeitgeber als Gesellschaft organisiert, die in der Regel **mehr als 500 Personen** beschäftigt und zur Erstellung eines **Jahresberichts** verpflichtet ist, muss auch über bestimmte Aspekte der Gleichstellung und der Entgeltgleichheit berichtet werden (§ 21 EntgTranspG).

Lageberichtspflichtig sind Unternehmen, die mindestens zwei der folgenden Voraussetzungen erfüllen (§ 267 HGB):

- über 6.000.000 € Bilanzsumme
- über 12.000.000 € Umsatzerlöse in den zwölf Monaten vor dem Abschlussstichtag
- über 50 Arbeitnehmer im Jahresdurchschnitt.

In dem Bericht sind **Maßnahmen zur Förderung der Gleichstellung von Frauen und Männern sowie deren Wirkungen** darzustellen. Solche Maßnahmen können sein[2] :

Maßnahmen zur Förderung der Gleichstellung
- Schulungen zur Gleichbehandlung und Geschlechtergleichstellung
- Förderung von Frauen in Führungspositionen

---

[1]*Langemann/Wilking*, BB 2017, 501, 505.
[2]Dazu Leitfaden BMFSFJ, S. 67 f.

© Springer Fachmedien Wiesbaden GmbH, ein Teil von Springer Nature 2019
K. Häferer und M. Köhler, *Praxisleitfaden Entgelttransparenzgesetz*, essentials,
https://doi.org/10.1007/978-3-658-25402-5_6

- Initiativen für eine bessere Vereinbarkeit von Familie und Beruf (z. B. Förderung von Teilzeitmodellen, Home Office, Coaching-Angebote, betriebliche Kindergärten etc.)

Außerdem sind **Maßnahmen zu nennen, die der Herstellung von Entgeltgleichheit dienen.** Enthalten sein sollten insbesondere folgende Komponenten[3] :

Maßnahmen zur Herstellung von Entgeltgleichheit
- Darstellung der grundlegenden Entgeltregelungen und Arbeitsbewertungsverfahren im Unternehmen (tarifliche Arbeitgeber sollten zwischen tariflichen und außertariflichen Maßnahmen unterscheiden)
- Informationen über durchgeführte betriebliche Prüfverfahren
- Anzahl der Auskunftsverlangen

Auch enthalten sein müssen **nach Geschlecht aufgeschlüsselte Angaben zur durchschnittlichen Gesamtzahl der Beschäftigten** sowie zur **Zahl der Vollzeit- und Teilzeitbeschäftigten.** In die Zahlen mit einzubeziehen sind Arbeitnehmer, die dem berichtspflichtigen Unternehmen zur Arbeit überlassen wurden.[4] Diese Angaben beziehen sich nur auf das jeweils letzte Kalenderjahr. In Folgeberichten sind außerdem die **Veränderungen** im Vergleich zum letzten Bericht anzugeben.[5]

6.2 Umsetzung

Der Bericht nach dem EntgTranspG ist dem Lagebericht als Anlage beizufügen und **im Bundesanzeiger zu veröffentlichen. Nicht ausreichend ist** demgegenüber eine bloße Veröffentlichung auf der Internetseite des Unternehmens.[6] Der Entgeltbericht bildet keinen Bestandteil des Lageberichts und gehört daher auch nicht zu den Jahresabschlussunterlagen. Die entsprechenden Vorschriften und damit verbundenen Rechtsfolgen gelten demnach nicht, beispielsweise ist der Entgeltbericht **nicht durch einen Abschlussprüfer prüfungspflichtig.**[7]

---

[3]*Bauer/Günther/Romero*, NZA 2017, 809, 813.
[4]HGB direkt, Ausgabe 1, Januar 2017.
[5]*Oberthür*, NJW 2017, 2228, 2234.
[6]HGB direkt, Ausgabe 1, Januar 2017.
[7]Vgl. HGB direkt, Ausgabe 1, Januar 2017.

Tarifliche Arbeitgeber haben den Bericht alle fünf Jahre zu veröffentlichen, wobei der Berichtszeitraum die letzten fünf Jahre umfasst.

Alle anderen Arbeitgeber müssen den Bericht alle drei Jahre erstellen, wobei der Berichtszeitraum die letzten drei Jahre umfasst.

Was für Arbeitgeber gilt, bei denen **Tarifverträge nur auf einen Teil der Beschäftigten** angewendet werden, wird im EntgTranspG nicht explizit bestimmt und bleibt abzuwarten. Aufgrund der fehlenden gesetzlichen Differenzierung kann aber davon ausgegangen werden, dass auch für diese Arbeitgeber der fünfjährige Turnus gilt. Aufgrund einer Übergangsvorschrift ist der erste Bericht bereits im Jahr 2018 zu erstellen, umfasst allerdings nur das Jahr 2016 (§ 25 Abs. 2, 3 EntgTranspG).

6.3   Rechtsfolgen bei Verstößen gegen die Berichtspflicht

6.3.1   Unterlassene Maßnahmen

Nach dem Grundsatz „**comply or explain**" müssen Arbeitgeber begründen, warum sie keine Maßnahmen zur Gleichstellung und Entgeltgleichheit ergriffen haben.[8] Diese Begründung muss nachvollziehbar darstellen, warum der Arbeitgeber solche Maßnahmen nicht durchführen konnte.[9]

Der Gesetzgeber verfolgt hiermit offenbar einen „Erziehungszweck", mit dem Arbeitgeber dazu angehalten werden sollen, sich mit dem Thema Entgeltgleichheit und -gerechtigkeit auseinanderzusetzen.[10] Bis auf die Pflicht zur Begründung im Rahmen der Berichtspflicht trifft das EntgTranspG keine Rechtsfolgen für den Fall der Nichtdurchführung derartiger Maßnahmen.[11]

▷   In jedem Fall sollten berichtspflichtige Unternehmen gleichheits-fördernde Maßnahmen durchführen. Es ist davon auszugehen, dass Presse, Mitarbeiter und potenzielle Bewerber in Zukunft genauer darauf achten werden, wie engagiert sich ein Arbeitgeber für

---

[8]*Langemann/Wilking,* BB 2017, 501, 505.

[9]*Bauer/Günther/Romero,* NZA 2017, 809, 813.

[10]*Bauer/Günther/Romero,* NZA 2017, 809, 813.

[11]*Becker/Hjort,* ArbRAktuell 2018, 359, 361.

Geschlechtergerechtigkeit einsetzt.[12] Negative **mediale Aufmerk-samkeit** kann in diesem Zusammenhang zu einem nicht unerheblichen Imageschaden führen.

6.3.2   Unterlassene Berichtspflicht

Bei der Aufforderung zur Erstellung eines Berichts zur Gleichstellung und Entgeltgleichheit nach § 21 Abs. 1 EntgTranspG handelt es sich um eine **Rechtspflicht**. Im Unterschied zum betrieblichen Prüfverfahren können sich die Arbeitgeber hier also nicht aussuchen, ob sie einen Bericht erstellen oder nicht. Eine gesetzliche Sanktion für das pflichtwidrige Unterlassen der Erstellung enthält das EntgTranspG jedoch nicht.

Zwar wird der Gleichstellungsbericht dem Lagebericht als Anlage beigefügt (§ 22 Abs. 4 EntgTranspG) und das HGB enthält diverse Sanktionen für die gesetzeswidrige Erstellung bzw. Veröffentlichung des Lageberichts (siehe z. B. das Ordnungsgeldverfahren nach § 335 HGB bezüglich des pflichtwidrigen Unterlassens der rechtzeitigen Offenlegung des Lageberichts). In der Gesetzesbegründung zum EntgTranspG hat der Gesetzgeber allerdings klargestellt, dass der Gleichstellungsbericht nicht zum Lagebericht gehört und daher auch die entsprechenden Vorschriften und damit verbundenen **Rechtsfolgen nach dem HGB nicht gelten.**[13]

Die unterlassene Erstellung des Gleichstellungsberichts nach §§ 21 f. EntgTranspG bleibt demnach **sanktionslos.** Nicht unterschätzt werden darf allerdings auch hier der mögliche Reputationsschaden für das Unternehmen.

---

[12]*Bauer/Günther/Romero,* NZA 2017, 809, 813.
[13]BT-Drucks. 18/11133, S. 74.

Potenzielle Rechtfertigung von Gehaltsunterschieden

7

Ergibt sich aus der erteilten Auskunft oder aus einem betrieblichen Prüfverfahren, dass im Betrieb **ungleiche Bezahlungen vergleichbarer Beschäftigter** vorkommen, stellt sich die Frage, ob damit zwangsläufig eine Entgeltdiskriminierung vorliegt. Liegen Rechtfertigungsgründe für das unterschiedliche Gehalt vergleichbarer Arbeitnehmer vor, handelt es sich nicht um eine Entgeltdiskriminierung.[1]

Trägt der Beschäftigte vor Gericht Indizien vor, die eine Entgeltdiskriminierung vermuten lassen, muss der Arbeitgeber belegen, dass der Gehaltsunterschied durch **sachliche Gründe** gerechtfertigt ist. Er muss darlegen und beweisen, dass kein ursächlichen Zusammenhang zwischen dem Geschlecht und der unterschiedlichen Behandlung existiert. Ausgangspunkt der Argumentation ist die Erkenntnis, dass das der **Gesetzgeber nicht die ungleiche Bezahlung, sondern nur die unmittelbare und mittelbare Benachteiligung wegen des Geschlechts verbietet.**[2] Rechtfertigende Gründe für eine ungleiche Bezahlung können **bspw.** sein[3] :

Potenzielle Rechtfertigungsgründe

- Vergütungssystem differenziert in der Einstufung nach **Leistung oder besonderen Kenntnissen**[4]
- Verhalten bzw. **Verhandlungsgeschick** des Mitarbeiters bei der Einstellung

---

[1]Vgl. BeckOK/*Roloff*, § 3 EntgTranspG Rn. 8 ff.

[2]Siehe dazu auch *Tondorf/Ranftl*, Leitfaden EntgTranspG, S. 16.

[3]*Bauer/Romero*, NZA 2017, 409, 412 f.

[4]EK/*Schlachter*, § 3 EntgTranspG Rn. 8; EuGH, Urteil vom 11.05.1999 – Rs. C-309/97 = NZA 1999, 699.

© Springer Fachmedien Wiesbaden GmbH, ein Teil von Springer Nature 2019
K. Häferer und M. Köhler, *Praxisleitfaden Entgelttransparenzgesetz,* essentials,
https://doi.org/10.1007/978-3-658-25402-5_7

- **Flexibilität** bzw. Anpassungsfähigkeit eines Beschäftigten an unterschiedliche Arbeitszeiten und -orte[5]
- Berufsausbildung, universitäre **Abschlüsse**[6]
- Verantwortlichkeit[7]
- Arbeitsbedingungen[8]
- Erfahrungswissen[9]
- Beendigung einer betrieblichen Übung für Neueinstellungen ab einem bestimmten Zeitpunkt
- Schließung betrieblicher Altersversorgungssysteme für Neueintritte

Unternehmen sind daher gehalten, betriebliche Vergütungssysteme zu entwerfen, die möglichst objektive Kriterien beinhalten.[10] Auch sollte bereits in den **Stellenbeschreibungen** auf eine konkrete Beschreibung der Tätigkeit und präzise Festlegung der Anforderungen geachtet werden. Im Streitfall können diese dann herangezogen werden, um zu beweisen, dass Tätigkeiten vergleichbar sind oder nicht.[11]

Gehaltsentscheidungen – sei es bei Einstellung oder Gehaltserhöhungen – sollten dokumentiert werden, um den Grund auch nach längerer Zeit nachvollziehen und belegen zu können.

„**Historische Zusagen**", die bereits länger im Unternehmen beschäftigten Arbeitnehmer begünstigen, sind gerechtfertigt, wenn der Arbeitgeber ab einem bestimmten Zeitpunkt die unternehmerische Entscheidung getroffen hat, die Leistung in Zukunft für Neueintritte nicht mehr zu gewähren.

---

[5]EK/*Schlachter*, § 3 EntgTranspG Rn. 8; EuGH, Urteil vom 17.10.1989 – Rs. 109/88=NZA 1990, 772.

[6]EK/*Schlachter*, § 3 EntgTranspG Rn. 8; EuGH, Urteil vom 27.10.1993 – Rs. C-127/92=NZA 1994, 797.

[7]I. E. wohl auch BeckOK/*Roloff*, § 3 EntgTranspG Rn. 9 mit Bezug zur Leistung.

[8]EK/*Schlachter*, § 3 EntgTranspG Rn. 8; EuGH, Urteil vom 30.03.2000 – C-236/98=BeckRS 2004, 75322.

[9]EK/*Schlachter*, § 3 EntgTranspG Rn. 9; EuGH, Urteil vom 03.10.2006 – C-17/05=NZA 2006, 1205.

[10]Vgl. dazu Ziff. 9.

[11]*Müller*, BB 2017, 2101, 2102.

Weihnachtsgeld

Bekommen ältere Arbeitnehmer beispielsweise aufgrund einer **betrieblichen Übung Weihnachtsgeld** iHv 2000 € und wurde dessen Zahlung für neu eingestellte Arbeitnehmer zu einem bestimmten **Stichtag** eingestellt, so ist diese Abweichung der Entgeltbestandteile nicht diskriminierend, sondern durch die unternehmerische Entscheidung, in Zukunft kein Weihnachtsgeld mehr zahlen zu wollen, gerechtfertigt.

Folgen einer Entgeltdiskriminierung 8

Ursprüngliches Ziel des Gesetzgebers war es, in einem „Lohngleichheitsgesetz" unmittelbare Anspruchsgrundlagen für diskriminierte Frauen gegen ihren Arbeitgeber zu verankern. Dieses Vorhaben wurde im Laufe des Gesetzgebungsverfahrens auf die Schaffung von mehr Transparenz reduziert.[1] **Das EntgTranspG selbst sieht keine Sanktion für eine Entgeltdiskriminierung vor.**[2] Die Gesetzesbegründung verweist lediglich auf einen „ohnehin bestehenden Erfüllungsanspruch" sowie auf Entschädigungs- und Schadensersatzansprüche aus dem **AGG.**[3]

Aus Unternehmenssicht stellen insbesondere der Auskunftsanspruch des Arbeitnehmers sowie das betriebliche Prüfverfahren Risikofaktoren dar. Ergibt sich daraus, dass ein Arbeitnehmer trotz gleicher oder gleichwertiger Arbeit eine geringere Vergütung allein wegen des Geschlechts erhält, hat dieser grundsätzlich **drei Reaktionsmöglichkeiten:**

- Der Mitarbeiter nimmt das Ergebnis hin und **akzeptiert** die Gehaltsdifferenz.
- Der Mitarbeiter wendet sich an den Arbeitgeber und **fordert** diesen auf, den Lohn anzupassen.
- Der Mitarbeiter macht vor **Gericht** einen oder mehrere seiner Ansprüche geltend (insb. Lohnanpassung und Entschädigung).

---

[1] *Wank,* RdA 2018, 34, 34.
[2] *Benkert,* NJW-Spezial 2018, 179.
[3] BT Dr. 18/11133, S. 46, 56.

© Springer Fachmedien Wiesbaden GmbH, ein Teil von Springer Nature 2019
K. Häferer und M. Köhler, *Praxisleitfaden Entgelttransparenzgesetz,* essentials,
https://doi.org/10.1007/978-3-658-25402-5_8

8.1 Wenn der Arbeitnehmer das Ergebnis akzeptiert...

Akzeptiert der Arbeitnehmer den Gehaltsunterschied, besteht dennoch die Gefahr, dass ggf. unbewusst Friktionen im Betrieb entstehen. Vor diesem Hintergrund sollte der Arbeitgeber versuchen, durch zusätzliche freiwillige Angaben[4] einer „gefühlten Benachteiligung" entgegenzuwirken.

8.2 Wenn der Arbeitnehmer fordert, den Lohn anzupassen...

Der Arbeitgeber hat die Möglichkeit, den Konflikt hier noch außergerichtlich zu lösen. Zu beachten ist aber auch, dass **Präzedenzfälle** andere Mitarbeiter motivieren könnten, ihr Gehalt ebenfalls anzuzweifeln. Das Entgegenkommen auf Arbeitgeberseite sollte deshalb zwar dem Einzelfall angemessen, aber im Großen und Ganzen restriktiv gehandhabt werden.

8.3 Wenn der Arbeitnehmer klagt...

An der grundsätzlichen Konzeption des AGG ändert das EntgTranspG nichts. Demnach verbietet der **Gleichbehandlungsgrundsatz** nur die Schlechterstellung einzelner Beschäftigter aus Gründen nach § 1 AGG (zu denen auch das Geschlecht gehört) gegenüber anderen Arbeitnehmern in vergleichbarer Lage. Die Besserstellung einzelner Arbeitnehmer (z. B. wegen ihres Verhandlungsgeschicks im Bewerbungsgespräch) gegenüber anderen ist hingegen erlaubt.

Voraussetzung für eine **rechtswidrige Entgeltdiskriminierung** ist, dass das Geschlecht gerade die Ursache für die geringere Bezahlung darstellt. Hinsichtlich dieser kausalen Verknüpfung regelt § 22 AGG die Beweislast. Ein Beschäftigter, der sich verletzt fühlt, erbringt demnach bereits dann einen ausreichenden Beweis, wenn er **Indizien** vortragen kann, die mit überwiegender Wahrscheinlichkeit darauf schließen lassen, dass eine Benachteiligung wegen des Geschlechts erfolgt ist.[5] Der Arbeitgeber muss dann durch **Tatsachen** beweisen,

---

[4] S. Ziff. 4.3.4.
[5] Dazu auch *Bauer/Romero*, NZA 2017, 409, 412.

dass ausschließlich andere als die in § 1 AGG genannten Gründe (Geschlecht, Herkunft, Religion etc.) zu einer ungünstigeren Behandlung geführt haben. Vor diesem Hintergrund stellt sich die Frage, ob der im Rahmen der Auskunft mitgeteilte Median ein solches Indiz darstellen kann. Nach Auffassung der Rechtsprechung können Quoten und Statistiken Indizien für eine Diskriminierung geben.[6] Voraussetzung wäre allerdings, dass der höhere Median in der Vergleichsgruppe mit überwiegender Wahrscheinlichkeit darauf schließen ließe, dass eine Benachteiligung wegen des Geschlechts vorliegt.[7] Wegen der **geringen Aussagekraft des Medians**[8] reicht **dieser allein als Indiz nicht aus.**[9] Trotz erteilter Auskunft verbleibt es daher bei der **Beweislastverteilung des § 22 AGG** und der Arbeitnehmer muss zusätzliche Indizien vortragen, die für eine Entgeltdiskriminierung sprechen.[10]

Rechtsfolge einer Entgeltbenachteiligung aufgrund des Geschlechts ist ein **Anspruch auf Anpassung des Entgelts** für die Zukunft sowie auf Nachzahlung vorenthaltener Entgeltbestandteile. Daneben kommen Ansprüche auf **Schadensersatz** in Betracht, wenn Beschäftigten infolge des zu niedrig bemessenen Entgelts Schäden entstehen (wie beispielsweise die zu geringe Bemessung von Krankengeld[11]). Denkbar sind ebenfalls **Entschädigungsansprüche** mit denen Arbeitnehmer einen finanziellen Ausgleich erhalten können, unabhängig davon, ob ihnen ein Schaden entstanden ist.[12]

Der Anspruch eines Beschäftigten auf **Schadensersatz** oder **Entschädigung** wegen eines diskriminierenden Entgelts muss innerhalb einer **Frist von zwei Monaten** geltend gemacht werden. Insofern gilt die Regelung des § 15 Abs. 4 AGG,[13] solange nicht tarifvertraglich anderweitige Regelungen vereinbart sind.[14] Die Frist **beginnt,** wenn Beschäftigte Kenntnis einer Entgeltdiskriminierung erlangen und diese beendet ist.[15] Solange der Arbeitgeber das zu niedrig bemessenen Entgelt fortzahlt, beginnt die Frist deshalb nicht.

---

[6]BAG, Urteil vom 21.06.2012 – 8 AZR 364/11 = NZA 2012, 1345.
[7]*Bauer/Romero,* NZA 2017, 409, 412.
[8]S. Ziff. 4.3.4.
[9]Detaillierter *Franzen,* NZA 2017, 814, 815 ff.
[10]*Häferer/Köhler,* CB 2017, 284, 286.
[11]LAG Rheinland-Pfalz, Urteil vom 13.01.2016 – 4 Sa 616/14 = NZA-RR 2016, 347.
[12]S. Ziff. 2.3.1.
[13]LAG Rheinland-Pfalz, Urteil vom 13.01.2016 – 4 Sa 616/14 = NZA-RR 2016, 347.
[14]EK/*Schlachter,* § 15 AGG Rn. 16.
[15]EK/*Schlachter,* § 15 AGG Rn. 16.

Für Ansprüche auf **Entgeltanpassung** ist diese Frist nicht anwendbar.[16] Hier gelten lediglich die gesetzlichen Verjährungs- sowie etwaige tarifvertragliche oder einzelvertraglich vereinbarte Ausschlussfristen[17].

▶ Grundsätzlich unterliegt der Anspruch auf Lohnanpassung der regelmäßigen Verjährungsfrist, welche drei Jahre beträgt. Daneben können aber auch vertragliche Ausschlussfristen eingeführt werden. Danach sind Ansprüche ausgeschlossen, wenn sie nicht innerhalb einer Frist von drei Monaten nach Fälligkeit geltend gemacht wurden.[18]

---

[16]LAG Rheinland-Pfalz, Urteil vom 21.07.2016 – 5 Sa 412/15 = BeckRS 2016, 72439.

[17]Bzgl. der Anwendbarkeit von Ausschlussfristen: *Bauer/Günther/Romero*, NZA 2017, 809, 812.

[18]*Bauer/Günther/Romero*, NZA 2017, 809, 812.

Anforderungen an Entgeltsysteme 9

In § 4 Abs. 4 EntgTranspG hat der Gesetzgeber Anforderungen an die Aus-gestaltung von Entgeltsystemen formuliert. Auch dies soll zu einer entgelt-gerechten Vergütung der Beschäftigten beitragen. Der Begriff „Entgeltsystem" ist weit zu verstehen und meint alle Systeme, die das Entgelt der Beschäftigten in irgendeiner Form bestimmen oder beeinflussen.[1] Damit ist auch die Vergabe von Lohnerhöhungen nach freiem Ermessen der Vorgesetzten ein Entgeltsystem im Sinn des Gesetzes.

Solche Systeme müssen sowohl im Hinblick auf die einzelnen Entgelt-bestandteile als auch bezogen auf das System als Ganzes so ausgestaltet sein, dass Benachteiligungen aufgrund des Geschlechts ausgeschlossen sind. Um dies zu gewährleisten, nennt das Gesetz vier Kriterien für diskriminierungsfreie Ent-geltsysteme: Das System muss die Art der zu verrichtenden Tätigkeit richtig und vollständig erfassen (Nr. 1), d. h. es darf keine für die Bewertung einer Tätigkeit relevanten Aspekte auslassen. Für männliche und weibliche Beschäftigte müssen dieselben Aspekte berücksichtigt werden (Nr. 2). Unzulässig wäre beispielsweise die Bewertung der Tätigkeit eines Hausmeisters nach der körperlichen Belastung und die der Tätigkeit einer Krankenschwester nur nach der Verantwortung.[2] Die Gewichtung dieser Kriterien muss diskriminierungsfrei erfolgen. Das heißt, dass bestimmte Aspekte einer Tätigkeit, die überwiegend von männlichen oder weib-lichen Beschäftigten ausgeübt werden, nicht über- oder unterbewertet werden dür-fen (bspw. Muskelkraft bei überwiegend von Männern verrichteten Tätigkeiten). Schließlich muss das Entgeltsystem insgesamt durchschaubar sein (Nr. 4).

---

[1]BT Dr. 18/11133, S. 52.
[2]Beispiel aus *Tondorf/Ranftl*, Leitfaden EntgTranspG, S. 31.

© Springer Fachmedien Wiesbaden GmbH, ein Teil von Springer Nature 2019
K. Häferer und M. Köhler, *Praxisleitfaden Entgelttransparenzgesetz*, essentials,
https://doi.org/10.1007/978-3-658-25402-5_9

Auf die Festlegung konkreter Verfahren zur Ausgestaltung oder Zertifizierung von Entgeltsystemen hat der Gesetzgeber hier zwar ebenso verzichtet wie bei betrieblichen Prüfverfahren.[3] Jedoch sind diese Kriterien auf die Rechtsprechung des EuGH sowie die Gleichbehandlungsrichtlinie zurückzuführen und waren deshalb bereits vor Einführung des Entgelttransparenzgesetzes Gegenstand von Leitfäden und Verfahren zur Ausgestaltung von Entgeltsystemen.[4]

So sollen bei der Ausgestaltung von Entgeltsystemen nach Tondorf/Ranftl beispielsweise **vier Kriterien** berücksichtigt werden:[5]

Kriterien für die Ausgestaltung von Entgeltsystemen
1. **Auswahl der Merkmale für die Unterscheidung:**
   Die Kriterien für die Bewertung gleichwertiger Tätigkeiten können hier einen Anhaltspunkt bilden.[6]
2. **Interpretation der Merkmale:**
   Möglichst genaue Definition der Merkmale (z. B. Art und Dauer der Ausbildung; Anzahl der gleichzeitig zu bewältigenden Aufgaben; genaue Beschreibung der physischen Bewegungsabläufe) sowie eine sinnvolle Abstufung (zwischen „niedrig" und „hoch").
3. **Gesamtsystem:**
   Insbesondere feingliedrige Gewichtung der einzelnen Merkmale im Gesamtsystem (z. B. keine grundsätzliche Abwertung von „frauentypischen" Eigenschaften, wie bspw. „Verantwortungsbewusstsein" gegenüber „physischer Belastung").
4. **Bewertungsprozess:**
   Möglichst im Rahmen einer Kommission, in der beide Geschlechter und ggf. auch andere Gruppen ausreichend berücksichtigt werden.

An den Verstoß gegen die Anforderungen des Gesetzes sind zwar keine unmittelbaren Rechtsfolgen geknüpft. Jedoch ist zu beachten, dass beispielsweise das Kriterium der Durchschaubarkeit des Entgeltssystems (s. o. Nr. 4) durch den

---

[3]S. Ziff. 5.2.3.2.
[4]Dazu bereits oben, Ziff. 4.3.1.1.2.
[5]Aus*Tondorf/Ranftl*, Leitfaden EntgTranspG, S. 39 ff.
[6]S. Ziff. 4.3.1.1.2.

EuGH entwickelt wurde, um Beschäftigten die Beweisführung im Rahmen von Entgeltanpassungsklagen zu erleichtern.[7] Danach obliegt es dem Arbeitgeber nachzuweisen, dass seine Lohnpolitik nicht diskriminierend ist, wenn es an einem durchschaubaren Entgeltsystem fehlt und die Beschäftigten nachweisen konnten, dass das Durchschnittsgehalt der Beschäftigten des einen Geschlechts niedriger ist als das des anderen Geschlechts. Allein vor diesem Hintergrund – sowie zur Vermeidung berechtigter Entgeltanpassungsklagen – ist Arbeitgebern zu empfehlen diese Anforderungen zu beachten. Für Unternehmen, in denen Gehaltserhöhungen oder Boni nach „freiem Ermessen" vergeben werden, heißt dies zumindest Ermessensleitlinien zu erlassen, die geschlechtsbedingten Benachteiligungen vorbeugen sollen.

---

[7]EuGH, Urteil vom 17.10.1989 – Rs 109/88 = NZA 1990, 772.

Gender-Pay im internationalen Vergleich

Aktuelle Gesetzgebung zur Förderung der Entgeltgleichheit ist kein rein deutsches Phänomen. Nachdem der sog. „Gender Pay Gap" in den letzten Jahren mehr und mehr öffentliche Aufmerksamkeit erfahren hat (u. a. durch den jährlichen Global Gender Gap Report[1]), widmen sich auch zahlreiche andere Länder dieser Problematik.

Bevorzugtes Mittel zur Bekämpfung der Entgeltlücke sind **Berichtspflichten.** Hierdurch werden die Arbeitgeber verpflichtet, in regelmäßigen Abständen über die Einhaltung des Entgeltgleichheitsgebots in ihren Unternehmen Rechenschaft abzulegen. Die genauen Anforderungen an diese Berichte sind abhängig von der Gesetzeslage des jeweiligen Landes. Zum Teil müssen lediglich die im Unternehmen gezahlten Gehälter übermittelt werden, in anderen Fällen wird hingegen ein detaillierter Bericht zur Vergütungsstruktur und zum Stand der Gleichstellung im Unternehmen verlangt.

Zwar gibt es hier keine einheitliche Herangehensweise der verschiedenen Gesetzgeber. Die Stoßrichtung ist aber im Großteil der Fälle ähnlich – Entgeltgleichheit durch mehr **Transparenz.**

Neben Deutschland existieren gesetzliche Berichtspflichten zur Entgeltgleichheit u. a. in[2] :

- Belgien
- Frankreich

---

[1]Bericht des World Economic Forum, der die Gleichstellung der Geschlechter sowie die aktuelle Einkommenslücke zwischen den Geschlechtern analysiert. Im Jahr 2017 befand sich Deutschland international auf Rang 12.

[2]Stand 30.09.2018.

© Springer Fachmedien Wiesbaden GmbH, ein Teil von Springer Nature 2019
K. Häferer und M. Köhler, *Praxisleitfaden Entgelttransparenzgesetz*, essentials,
https://doi.org/10.1007/978-3-658-25402-5_10

- Großbritannien
- Italien
- Schweden
- Dänemark
- Norwegen
- Finnland
- Südafrika und
- Australien.

In **Großbritannien** sind Arbeitgeber mit mindestens 250 Beschäftigten dazu verpflichtet, jährlich einen umfassenden Gleichstellungsbericht auf die Website der Regierung hochzuladen.[3] Dieser Bericht muss u. a. aufzeigen, wie groß der Gehaltsunterschied zwischen den männlichen und weiblichen Beschäftigten im Unternehmen ist und welcher Anteil von männlichen und weiblichen Beschäftigten eine Bonuszahlung erhält. Der Bericht ist auch auf die **unternehmenseigene Website** hochzuladen und muss dort für **drei Jahre** verfügbar sein.

> Global agierende Unternehmen sollten stets einen Überblick über die gesetzlichen Pflichten in den für sie relevanten Ländern behalten. Denn während die Berichtspflichten in manchen Jurisdiktionen nur als sanktionslose Obliegenheiten ausformuliert sind, besteht in anderen Ländern die Gefahr von Strafzahlungen, falls die Arbeitgeber ihre Pflichten ignorieren (z. B. in Belgien).

Eine sehr strenge Gesetzeslage besteht seit kurzem in **Island.** Dort haben Arbeitgeber mit mehr als 25 Mitarbeitern der Regierung den **Nachweis** darüber zu erbringen, dass in ihrem Unternehmen Männern und Frauen das gleiche Gehalt gezahlt wird. Der Arbeitgeber ist hier also selbst in der Bringschuld.

In den **USA** ist man bisher zurückhaltender mit gesetzlichen Regelungen. In einschlägigen Gesetzen wird in der Regel nur die Entgeltdiskriminierung verboten, Berichtspflichten für die Unternehmen findet man hingegen nicht.[4] Manche US-Bundesstaaten verbieten dem Arbeitgeber außerdem ausdrücklich, bei

---

[3]Die hochgeladenen Berichte können auf folgender Website eingesehen werden: https://gender-pay-gap.service.gov.uk/Viewing/search-results, zuletzt besucht am 05.11.2018.
[4]Z. B. im Equal Pay Act of 1963; Title VII of the Civil Rights Act of 1964.

Bewerbungsverfahren die Bewerber nach dem früheren Gehalt zu befragen. So sollen Entgeltdiskriminierungen aus der Vergangenheit weniger Einfluss auf die künftige Bezahlung haben.

Der individuelle **Auskunftsanspruch** im deutschen EntgTranspG stellt hingegen ein eher selteneres Phänomen dar.[5] Erfolg und Effektivität der Regelung bleiben daher abzuwarten.

---

[5]Einen ähnlichen Anspruch der Beschäftigten kennt man z. B. noch in Israel oder Norwegen.

Fazit

11

Insgesamt lässt sich festhalten, dass Arbeitgeber die zusätzlichen Risiken, welche die Einführung des EntgTranspG mit sich gebracht hat, durch Beachtung einiger Grundregeln gut beherrschen können. Dazu zählen u. a.:

Überblick der Ergebnisse

- **Nutzung der Privilegierungen** für tarifliche Arbeitgeber unter rechtzeitiger Mitteilung der Tarifbindung an den Betriebsrat
- Generelle **Übernahme der Auskunftsverpflichtung**
- Einführung von diskriminierungsfreien **Entgeltsystemen**
- **Vorbereitung** der Auskunftserteilung auch ohne konkrete Anfrage
- Durchführung freiwilliger betrieblicher **Prüfverfahren zunächst nur intern**
- Abstimmung der Maßnahmen mit ggf. bestehenden **Berichtspflichten**
- **Generell:** Möglicherweise bestehende Rechtfertigungen für Gehaltsunterschiede beachten

© Springer Fachmedien Wiesbaden GmbH, ein Teil von Springer Nature 2019
K. Häferer und M. Köhler, *Praxisleitfaden Entgelttransparenzgesetz,* essentials,
https://doi.org/10.1007/978-3-658-25402-5_11

Was Sie aus diesem *essential* mitnehmen können

- Zusammenfassung der wesentlichen Regelungen des Entgelttransparenzgesetzes
- Handlungsempfehlungen zum Umgang mit Auskunftsersuchen, der Durchführung von Prüfverfahren sowie der Erfüllung von Berichtspflichten (mit online Muster für die Beantwortung von Auskunftsersuchen)
- Anregungen für die Ausgestaltung von Entgeltsystemen
- Gender Pay im internationalen Vergleich

© Springer Fachmedien Wiesbaden GmbH, ein Teil von Springer Nature 2019
K. Häferer und M. Köhler, *Praxisleitfaden Entgelttransparenzgesetz,* essentials,
https://doi.org/10.1007/978-3-658-25402-5

Printed in the United States
By Bookmasters